ro
ro
ro

Zu diesem Buch

Warum lächelt Buddha? Er hat herausgefunden, wie man ein sinnvolles und glückliches Leben führen kann. Grundlegend dafür ist das Prinzip der Achtsamkeit, durch das wir jeden Aspekt des Lebens – unsere Beziehungen, unser Denken, unser Verhalten – neu zu bewerten lernen und somit zu einer ungeahnten Freiheit finden.

Der Autor

Mark Magill ist Redakteur der Zeitschrift *Tricycle: The Buddhist Review*. Er hat mit dem inkarnierten tibetischen Lama Gehlek Rinpoche zusammengearbeitet und bereits einige Bücher über Zen und verwandte Themen geschrieben. Er lebt in New York und den Catskill-Bergen, wo er Bienen züchtet.

MARK MAGILL

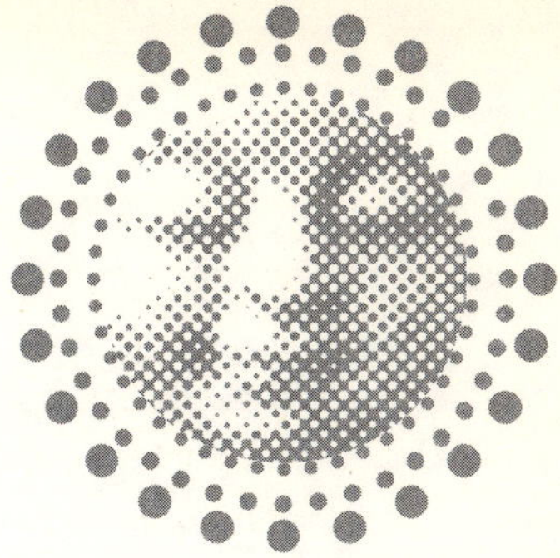

Warum Buddha lächelt

Das Geheimnis des Glücklichseins

Deutsch von
Stephan Schuhmacher

Rowohlt Taschenbuch Verlag

Deutsche Erstausgabe
Veröffentlicht im Rowohlt Taschenbuch Verlag,
Reinbek bei Hamburg, August 2005

Die Originalausgabe erschien 2003
unter dem Titel «Why Is The Buddha Smiling?»
bei Godsfield Press Ltd.
in Hampshire, United Kingdom.

Umschlaggestaltung ZERO Werbeagentur München
(Foto: Mauritius Images/Vidler)
Satz aus der Stone Serif PostScript, InDesign,
bei Pinkuin Satz und Datentechnik, Berlin
Druck und Bindung C. H. Beck, Nördlingen
Printed in Germany
ISBN 3 499 62021 9

INHALT

Zweiter Teil

ACHTSAMKEIT ENTWICKELN

Dritter Teil

ACHTSAMKEIT PRAKTIZIEREN

VORWORT

Ich hatte schon lange Zeit nach einem Lehrer gesucht. Ich hatte einer Reihe von Unterweisungen und Klausuren beigewohnt und manchmal mit den bei Menschen des Westens üblichen schmerzenden Knien mehrere Tage hintereinander meditiert. Und die ganze Zeit hatte ich mich gefragt: «Ob er es wohl ist? Oder sie?» Wenn man unsicher ist, dann ist alles möglich und alles steht in Frage. Und darum wägt man Für und Wider ab und wartet auf ein Zeichen.
Die traditionellen tibetischen Lehren zählen eine Reihe von Eigenschaften auf, auf die man bei einem Lehrer achten soll:

- Er sollte mehr wissen als wir.
- Er sollte seine negativen Gefühle unter Kontrolle haben.
- Er sollte mitfühlend sein.
- Er sollte ein gutes Benehmen und Ausgeglichenheit an den Tag legen.
- Er sollte ein wahres Verständnis und authentische Erfahrung der Lehren besitzen und in der Lage sein, sie dem Stand des Schülers entsprechend auf klare und verständliche Weise darzulegen.
- Er sollte fähig sein, die Punkte, die er lehrt, zu beweisen.
- Er sollte Ausdauer besitzen.
- Er sollte in der Lage sein, gewisse Härten des Lebens zu ertragen.

Die buddhistischen Lehren betonen, dass es einem selbst überlassen bleibt, zu entscheiden, ob der Lehrer diesen Kriterien entspricht. Ein wirklicher Lehrer wird niemals geradeheraus behaupten: «Ich bin dein Lehrer, du bist mein Schüler.» Wenn das jemand tut, ist es an der Zeit, sich davonzumachen. Es bleibt jedem Einzelnen selbst überlassen, sich zu entscheiden, ob der Lehrer der richtige für ihn oder sie ist.

Ich hatte jedoch immer noch meine liebe Müh. Ich erzählte einer Freundin von meinem fortgesetzten Fragen, und jedes Mal, wenn ich derart klagte, wiederholte sie denselben Satz: «Wenn der Schüler bereit ist, wird der Lehrer kommen.» – «Na gut, aber wie werde ich ihn erkennen?», fragte ich dann. «Wenn der Schüler bereit ist, wird der Lehrer kommen», wiederholte sie erneut.

Dann begegnen Sie eines Tages jemandem und wissen einfach: «Oh, da ist er ja.»

Es war in einer für Tibeter wie geschaffenen Winternacht vor gar nicht so vielen Jahren, als mir Gehlek Rinpoche zum ersten Mal über den Weg lief.

Wenn ich zurückschaue, bin ich geneigt zu sagen, dass es zwischen uns sofort funkte, wenn man das von einem tibetischen Lama und einem Mitglied der Freiwilligen Feuerwehr aus der ländlichen Region des Bundesstaates New York sagen kann. Ich hatte jemanden gefunden, der nicht nur aus einem außerordentlichen Schatz an Wissen schöpfen konnte, sondern auch aus freundlicher und mitfühlender Erfahrung. Aber ein Lehrer wie Rinpoche ist noch etwas anderes. Er ist ein Vorbild.

In den Jahren vor seiner Flucht vor den chinesischen Besatzern seines Heimatlandes wurde Rinpoche in den großen Klöstern Tibets geschult. Zu seinen Lehrern gehörten zwei der Lehrmeister des Dalai Lama. Auch wenn er einer adeligen Familie aus Lhasa entstammte und eine Neffe des XIII. Dalai Lama war, musste Rinpoche ohne einen Pfennig in der Tasche aus seiner Heimat fliehen. Allerdings brachte er dennoch etwas mit, etwas, das mich noch heute mit grenzenloser Dankbarkeit erfüllt. Die buddhistische Lehre.

Ich habe seither ziemlich viel Zeit in der Gegenwart von Rinpoche verbracht. Ich habe an verschiedenen Projekten mit ihm gearbeitet oder einfach mit ihm Tee getrunken, während die Sonne über den Himmel wanderte. Er ist ein gütiger, bedachter und außerordentlich großzügiger Mensch ohne die geringste Sentimentalität. Er liebt es, Scherze zu machen, und sein behänder Umgang mit meiner für ihn fremden Sprache bringt mich immer wieder zum Lachen. Seine Gesellschaft ist ein schieres Vergnügen.

Ich hatte das große Glück, durch Rinpoche anderen Lehrern von enormer Großzügigkeit und Geduld zu begegnen. Wenn ich in diesem Buch irgendetwas zu sagen habe, das Hand und Fuß hat, dann verdanke ich es der Güte Rinpoches und der meiner anderen Lehrer.

Seit einem Jahrzehnt züchte ich Bienen. Als ich damit anfing, wurde ich oft gestochen. Daran ist nichts Ungewöhnliches – es gehört zum Job des Imkers.

Zuerst waren die Stiche ziemlich schmerzhaft. Ich tat mein Bestes, nicht gestochen zu werden, denn es machte mir einfach Spaß, mit den Bienen zu arbeiten und ihnen durch den Rhythmus der Jahreszeiten zu folgen. Sie sammeln den Nektar aus den Blüten und bringen ihn zurück zum Bienenstock, wo sie ihn in Honig umwandeln. Am Ende des Sommers haben sie die Essenz der Blütenpracht einer Saison konzentriert.

Mit der Zeit machte ich mir nichts mehr aus den Stichen; sie taten zwar noch genauso weh, aber da mir das Bienenzüchten so viel bedeutete, kümmerte ich mich nicht mehr um den Schmerz. Er gehörte einfach dazu, dachte ich – er war der Preis, den man für die Arbeit mit den Bienen zahlen musste. Honigbienen leben ausschließlich vom Sammeln des Nektars und des Blütenstaubs aus den Blüten. Anders als Wespen, die Insekten jagen und töten und wiederholt stechen können, stirbt eine Honigbiene, nachdem sie gestochen hat. Sie sticht, um den Bienenstock zu verteidigen, aber sie gibt für diese Verteidigung ihr Leben. Ich begann zu verstehen, dass ich nicht leichtfertig oder aus Übermut gestochen wurde. Als ich genauer hinsah, wurde mir klar, dass ich in jedem einzelnen Fall deshalb gestochen wurde, weil ich einen Fehler gemacht hatte – entweder einen so einfachen, wie aus Unachtsamkeit auf eine Biene zu fassen, die auf meinem Hosenbein saß, oder weil ich einen drastischen Eingriff vorgenommen hatte, wie

etwa den Bienenstock an einem sonnigen Herbsttag nach dem ersten Frost zu öffnen.
Die Bienen lehrten mich. An warmen Sommertagen, wenn es Nektar in Hülle und Fülle gibt, kümmern sie sich kaum um die Störung durch einen neugierigen Imker. Aber an einem sonnigen Tag im Herbst, nachdem der Frost die letzten Blüten abgetötet hat, verteidigen die Bienen mit allen Mitteln den Honig, der ihnen den Winter hindurch als Nahrung dienen muss. Doch was für mich nur eine schmerzhafte Lektion war, ist für sie sehr viel kostspieliger. Um Schmerzen für mich selbst und Leiden für die Bienen zu vermeiden, musste ich ein rücksichtsvollerer Imker werden.
Ich arbeitete weiter mit den Bienen, aber ich musste mir meiner Handlungen und deren Konsequenzen wesentlich bewusster werden. Dazu musste ich die Natur der Bienen besser verstehen und ebenso die jeweiligen Bedingungen. Ich musste achtsam handeln.

Lektionen lernen

Es ist schon eine Weile her, dass ich das letzte Mal gestochen wurde. Ich arbeite immer noch jeden Sommer mit den Bienen und ernte im Herbst den Honig. Sicher werde ich auch wieder einmal einen Fehler machen und erneut gestochen werden. Aber heute kenne ich den Preis dieser Lektion und habe gute Gründe, achtsamer zu sein.
Ich glaube, den meisten von uns geht es ähnlich. Wir versuchen unser Bestes, aber wir machen Fehler im Umgang mit Freunden, Geliebten, Eltern und Kindern. Trotz unserer besten Absichten und obwohl wir uns so sehr nach Glück sehnen, stellen wir immer wieder fest, dass wir uns selbst und

anderen wehgetan haben. Wer hätte nicht schon Tränen, ein gebrochenes Herz, eine verlorene Freundschaft, Verwirrung, Missverständnisse und Schmerzen erfahren? Wir finden uns selbst in schmerzlichen Situationen mit Konsequenzen wieder, die wir niemals beabsichtigt haben. Was läuft da schief? Diese Frage ist nicht leicht zu beantworten. Es geht im Kern um die Ursache unserer Probleme.

Ein jeder von uns ist auf der Suche nach Glück. Wir alle wären gern frei von Leiden. Jedes Lebewesen teilt diesen Wunsch mit uns. Selbst die winzige Ameise läuft vor dem Ameisenspray davon, um sich Leiden zu ersparen. Für uns bedeutet die Freiheit von Leiden Glück. Der Wunsch nach dem Freisein von Leiden ist stärker als der Wunsch zu leben. Wo sich ein Mensch zum Selbstmord getrieben fühlt, ist er bereit zu sterben, nur um dem Leiden zu entgehen. Und wenn jemand gestorben ist, dann sagen wir oft: «Wenigstens musste er nicht leiden», und meinen damit, dass der Tod dem Leiden vorzuziehen ist.

Der Pfad zur Freiheit

Vor fünfundzwanzig Jahrhunderten setzte sich ein indischer Prinz aus dem Clan der Shākyas an einem Ort namens Bodh-Gāyā am Fuß eines Baumes nieder. Er hatte sich geschworen, dass er nicht wieder aufstehen werde, bevor er den Pfad zur Freiheit vom Leid, das die Welt heimsucht, gefunden habe. Sechs Jahre zuvor hatte er den Palast, in dem er damals lebte, verlassen, um sich auf die Suche nach der Wahrheit zu begeben. Er ertrug viele Härten, während er auf seiner Suche von Ort zu Ort wanderte. Von den unterschiedlichsten Lehrern suchte er die Wahrheit zu erfahren, aber keiner konnte ihm eine zufrieden stellende Antwort auf die Frage geben, was alle Wesen vom Leiden zu befreien vermochte.

So war er schließlich zu diesem Bodhi-Baum gelangt. Es war am Abend des Vollmondes im vierten Monat. Er blieb dort die ganze Nacht in tiefe Kontemplation versunken sitzen. Während er unter dem Baum saß, wurde er von beängstigenden Erscheinungen heimgesucht. Dämonen tauchten auf, die Speere, Pfeile und brennende Geschosse auf ihn schleuderten. Durch die Macht seines Erbarmens verwandelte er seine Ängste in einen Blütenregen. Dann wurde er von einer ganzen Reihe von weltlichen Genüssen versucht. Unbeeindruckt von diesen Ablenkungen, vertiefte er seine Konzentration auf sein Ziel. Vermittels der Macht der Weisheit sah er die wahre Natur der Wirklichkeit – sowohl die Ursache des Leidens als auch den Weg zu seiner Beendigung. Als der Morgenstern über den Horizont stieg, erhob Buddha sich endlich aus seiner Meditation. Er hatte den Weg zur Freiheit entdeckt.

Shākyamuni Buddha machte die Wahrheit des Leidens zu der ersten Unterweisung, die er nach seiner Erleuchtung unter dem Bodhi-Baum gab. Seine Botschaft besagt, dass wir in unserem Leben viele Arten von Leiden erfahren – nicht nur den grundlegenden Schmerz der Geburt oder den von Alter, Krankheit und Tod. Wir erleiden auch den Schmerz der Trennung von geliebten Menschen, des Zusammentreffens mit verhassten Menschen, die Frustration, nicht zu erlangen, was wir uns wünschen, oder Dinge zu verlieren, an denen wir hängen, und schließlich das Leiden des Begehrens selbst. Solange wir von den negativen Gefühlen des Begehrens und Anhaftens beherrscht werden, die aus einem grundlegenden Missverständnis hinsichtlich der wahren Quelle des Glücks entstehen, bleiben wir Gefangene des Leidens.

Ich glaube, dass die Lehren Buddhas überlebt haben, weil sie ein Verständnis unserer menschlichen Natur und der Bedingungen, mit denen wir konfrontiert sind, erkennen lassen. Wir alle haben den Wunsch nach Glück und Abwesenheit von Leid gemeinsam. Wir alle haben mit Widrigkeiten zu kämpfen, die uns von der Erfüllung dieses Wunsches abhalten. Aber es gibt einen Weg, diese Hindernisse zu überwinden.

Sieht man sich die Bildnisse von Buddha näher an, sieht man sein Lächeln. Es mag sehr fein sein und rätselhaft erscheinen, ist aber nichtsdestoweniger vorhanden. Warum lächelt Buddha? Weil er entdeckte, dass es einen Pfad zur Freiheit gibt. Es ist ein Pfad, der jedem Menschen offen steht, der entschlossen ist, sich der Mühe zu unterziehen, ihm zu folgen. Der Pfad beginnt mit Achtsamkeit.

ERSTER TEIL

Achtsamkeit entdecken

DAS REH AM WASSERLOCH

Unser Nervensystem ist von Natur aus darauf eingerichtet, auf *Gefahren* zu reagieren, aber die Gesellschaft lullt uns ein, indem sie uns ein Gefühl von *Komfort* und *Sicherheit* gibt. Wie können wir die Wachsamkeit des Rehs am Wasserloch wiedererlangen?

Der Abend dämmert. Das Wild hat sich am Wasserloch in einer von Akazien umstandenen Senke im weiten Grasland versammelt. Die Tiere trinken, sind dabei aber stets von höchster Wachsamkeit. Ihr Überleben hängt davon ab. Sie spüren die Augen von Raubtieren auf sich ruhen, die ringsum in der zunehmenden Dunkelheit lauern. Die Natur hat sie mit einer äußersten Feinfühligkeit und dem Geschenk der Schnelligkeit ausgestattet. Sie müssen ihre Sinne voll ausnutzen, wenn sie den unbarmherzigen Tanz zwischen sich und dem Raubtier überleben wollen. So war es vor vielleicht einer Million Jahren.

In unserer heutigen Zeit grasen einige Abkömmlinge ebendieser Rehe in einem eingezäunten Park, geschützt vor allen Gefahren. Wärter karren Getreide heran, das in metallenen Trögen an die Tiere verfüttert wird. Ihr Wasser strömt aus einem Hahn, und die Wahrscheinlichkeit ist gering, dass es versiegt. Die Gefahren der Wildnis sind durch Komfort und Freiheit von Furcht ersetzt worden. In diesem Gehege sind die Tiere zahm geworden.

Wir sind mit denselben Sinnen wie diese Tiere ausgestattet. Wir teilen ein Erbe mit ihnen. In unserem Verlangen nach Komfort und Freiheit von Furcht sind auch wir zahm geworden. Aber für dieses Gefühl der Sicherheit zahlen wir einen hohen Preis. Wir werden davon eingelullt und denken, dass uns nichts Übles geschehen kann, wenigstens nicht im Moment. Das Streben nach Glück und nach Freiheit vom Leiden ist etwas ganz Natürliches. Aber haben wir sie in unserem Gehege wirklich gefunden? Sind wir wirklich frei?

Das Wild im Tierpark wird von einem Zaun geschützt. Da die Tiere sich nicht mehr vor lauernder Gefahr hüten müssen, sind sie inzwischen zu einer leichten Beute geworden: Sie haben ihre Wachsamkeit aufgegeben, die ihnen in der Wildnis so dienlich war. Es ist wohl nicht falsch, zu behaupten, dass auch wir unsere ursprüngliche Wachheit verloren haben. An ihre Stelle sind Tagträume getreten, Gedanken an die Vergangenheit und die Zukunft, zwischen denen wir benommen hin und her treiben. In lichteren Momenten haben wir angenehme Erinnerungen und Erwartungen. Doch auf diese fröhlichen Gedanken folgen schon bald ihre mürrischen Partner, Bedauern und Angst. Die Gedanken selbst bringen sowohl Befriedigung als auch Sorgen mit sich. Es ist eine Gleichung von Glück und Leiden, die unser Handeln vom ersten Schrei bis zu unserem letzten Atemzug regiert.

Dieses Entstehen und Vergehen von Gedanken würde an sich nur wenige Auswirkungen haben, wenn wir davon nicht so gebannt wären. Wir fühlen uns zu angenehmen Gedanken hingezogen und von unangenehmen Gedanken abgestoßen, sind jedoch gleichermaßen von beiden gefesselt.

Wenn ich eben jetzt genau hinsehe, dann sehe ich, wie ich mich zu dem angenehmen Gedanken hingezogen fühle, heute Abend meiner Geliebten zu begegnen. Ich stelle mir vor, wie wir im Sonnenuntergang zu den hohen Klippen über dem Meer gehen. Das Licht wird majestätisch sein. Wir gehen Hand in Hand und schwelgen im Gefühl des Zusammenseins. Wir werden von der Zukunft sprechen und von dem Kind, das wir haben werden.

Dann schleichen sich andere Gedanken ein. Wird das Kind auch gesund sein? Werde ich für diesen neuen Menschen sorgen können? Das Schreiben über Achtsamkeit bringt nicht viel ein. Werde ich den Abgabetermin des Verlages für das Manuskript einhalten können? Habe ich überhaupt irgendetwas Lohnendes zu sagen? Vielleicht sollte ich eine Pause machen und mir etwas zu essen holen. Ich könnte auch nach den Bienen sehen. Vor ein paar Wochen ist ein Bär hier vorbeigezogen und hat die Bienenstöcke beschädigt. Ich sollte für alle Fälle mal auf dem Hügel nachsehen – alles ist plötzlich recht, damit ich der anstehenden Arbeit ausweichen kann.

Wo findet all dieses Grübeln statt? Sicherlich nicht auf den Klippen im Sonnenschein, auch nicht in der hellen Krippe des Babys oder im summenden Bienenstock. Ich krame vielmehr im dämmrigen Speicher meines Oberstübchens herum, sortiere Zuneigungen und Abneigungen, Hoffnungen und Ängste in Schubladen – nichts davon ist im Hier und Jetzt gegenwärtig. All das befindet sich nur in meinem Geist. Es ist dieser Geist, der mein Handeln regiert. Dieses Handeln, das in der

Gegenwart stattfindet, ist es, was mein künftiges Glück oder Unglück prägt. Ist dieses Schwanken zwischen vorgestellten Freuden und Sorgen wirklich die beste Art und Weise, wie ich von den Fähigkeiten des Geistes Gebrauch machen kann? Zeichnet es den besten Weg zur Freiheit vor?

Wenn ich genau hinsehe, dann bemerke ich, dass ich mich wenig von einem Menschen unterscheide, der im Bett liegt und sich seinen Träumen hingibt. Meine Gedanken wandern umher, mal hierhin, mal dorthin, wie die eines Schlafenden, der in einer Traumlandschaft umherirrt. Was ist es, das meine Aufmerksamkeit fesselt? Es ist dieses Aufflackern von Begehren und des Wunsches, Schmerz zu vermeiden. Die Vorstellung, dass ich mit meiner Geliebten gemeinsam den Sonnenuntergang erlebe, enthält das Versprechen von Freude. Die Bürde, meinen Lebensunterhalt verdienen zu müssen, bringt Sorgen mit sich.

Könnte ich vielleicht besseren Gebrauch von diesem Geist machen? Kann meine Aufmerksamkeit einen anderen Charakter annehmen, einen, der nicht so leicht von jeder kleinsten Brise des Mögens oder Nichtmögens zerstreut wird? Kann ich mich für die anstehende Arbeit sammeln? Worin besteht diese Arbeit? Ich glaube, sie besteht darin, zu meinem wahren Zustand zu erwachen. Ich muss unter allen Umständen zu einer Bewusstheit in meinem Handeln finden. Ich muss einsehen, wie meine kurzsichtigen Vorstellungen von dem, was mich glücklich machen wird, mir in Wirklichkeit im Wege stehen. Ich muss die verblendete Natur meines Dämmerzustandes erkennen. Wie könnte ich sonst hoffen, ich selbst zu sein? Wie wäre es sonst überhaupt möglich, anderen zu helfen? Ohne die rechte Aufmerksamkeit laufe ich Gefahr, selbst mit den besten Absichten einen ziemlichen Schlamassel anzurichten.

Es gibt zweifellos einen Ausweg aus diesem Dilemma. Aber

der verlangt ein gewisses Bemühen. Es ist wie bei jeder Qualitätsarbeit: Das Geschäft des Lebens verlangt unsere Aufmerksamkeit.

Das Wort *Buddha* bedeutet wörtlich «der Erwachte». Das ist wohl kaum ein Zufall. Um zu unserem Potenzial erwachen zu können, müssen wir uns wiederholt dem Gewahrsein stellen. Das ist keine Kleinigkeit. Doch Buddha war ein menschliches Wesen mit denselben Fähigkeiten, wie wir sie haben. Und trotzdem erreichte er die vollkommene Erleuchtung, während die meisten von uns noch im spirituellen Dunkel herumtappen. Was den Unterschied macht, ist das Bemühen.

Ich kann nicht rasten vom Reisen; ich will das Leben
Trinken bis zum letzten Tropfen.

In seinem Gedicht *Ulysses* spricht Tennyson von dem Helden, der zwanzig Jahre entbehrungsreichen Reisens hinter sich gebracht hat und nun in sein Königreich zu seiner Frau heimgekehrt ist. Aber inzwischen ist einige Zeit vergangen. Er ist ein Mann der Tat, der nun sein Volk widerwillig von seinem zivilisierten Thron herab regiert.

Wie fade ist es Halt zu machen, aufzuhören,
Unpoliert zu rosten, nicht durch Gebrauch zu glänzen!
…
Obwohl uns viel genommen ist, bleibt viel; und obwohl
Wir nicht mehr jene Kraft sind, die in alter Zeit
Himmel und Erde bewegte, sind wir, was wir sind,
Gleichartig im Wesen, mit heldenhaften Herzen,
Geschwächt von Zeit und Schicksal, doch stark im Willen
Zu streben, zu suchen, zu finden und nicht aufzugeben.

In unserem gegenwärtigen Dämmerzustand vermögen wir unser außerordentliches Potenzial nicht zu verwirklichen. Wie viele von uns können von sich behaupten, das «Leben bis zum letzten Tropfen zu trinken»? Wir werden stattdessen von Kräften davongetragen, die uns unausweichlich von der Möglichkeit der Bewusstheit entfernen. Solange ich nicht in der Lage bin, eine feinere Qualität der Aufmerksamkeit zu entwickeln, die es vermag, die Kräfte des Schlafes durch stetes Bemühen allmählich zu überwinden, werde ich mit meinen gegenwärtigen Anstrengungen nur wenig erreichen.

Doch ich habe eine Wahl. Ich kann mich weiter auf bestimmte Annehmlichkeiten verlassen, die für den Augenblick sicher sind – so wie es die Rehe im Wildpark tun. Oder ich kann Anspruch auf meine Freiheit erheben, darauf, «durch Gebrauch zu glänzen». Freiheit ist nicht ohne Risiko. Und wir erlangen sie auch nicht ohne Bemühen. Sie verlangt ein «heldenhaftes Herz». Ich muss mir meines Handelns bewusst sein und die Verantwortung dafür übernehmen. Um das zu erreichen, muss ich etwas bezahlen. Das Zahlungsmittel ist Aufmerksamkeit. Um meine Freiheit zu erreichen, muss ich die Wachsamkeit des Wildes am Wasserloch wiedererlangen. Ich muss beginnen, so zu sehen, als hinge mein Leben davon ab.

Wenn wir erkennen, dass die *Zeit*, die wir haben, *kostbar* ist, wie können wir dann den besten Gebrauch von ihr machen?

Für jeden von uns läuft die Zeit unerbittlich ab. Das ist eine schlichte, unleugbare Tatsache. Eines Tages ist unser letzter Tag gekommen. Ein Atemzug wird unser letzter Atemzug sein. Niemand ist je diesem Schicksal entronnen.
Die mächtigsten Könige in der Geschichte sind dahingegangen. Und die mächtigsten Generäle und ihre Armeen. Selbst wer Berge von Reichtum besessen hat, musste sie zurücklassen. Wenn es in der Macht dieser Menschen gestanden hätte, wären sie noch hier. Aber sie sind es nicht.
Die Heiligen sind dahingegangen. Die Großen Meister sind dahingegangen. Was wäre es für ein Segen für uns, wenn sie hätten bleiben können, aber auch sie mussten gehen.
Niemand lebt für immer. Vielleicht sind uns siebzig Jahre beschieden – in einigen seltenen Fällen sogar hundert. Im Verhältnis zur Gesamtheit der Zeit ist das Leben des Einzelnen nur wie das Brennen einer kurzen Kerze.

Die Zeit verfliegt

Keine Macht auf dieser Erde kann den Tod für immer von uns fern halten. Doch tief in ihrem Inneren verleugnen die meisten von uns diesen Gedanken. Wir sagen: «Ja, meine Zeit wird kommen, aber noch nicht jetzt. Andere müssen vielleicht gehen, aber ich noch nicht. Noch nicht jetzt.» Doch welche Garantie haben wir dafür? Horchen Sie in sich hinein, und vielleicht finden Sie in irgendeinem Winkel den Gedanken: «Auch wenn jedermann dahingehen muss, werde ich doch derjenige sein, der dem Tod irgendwie entrinnt. Im allerletzten Moment wird ein Wunder geschehen, oder ich werde einen Aufschub von irgendeinem Herrscher im Himmel erhalten. Auch wenn jeder andere Mensch, der je vor mir gelebt hat, sterben musste, so gibt es für mich vielleicht trotzdem eine Chance. Vielleicht bin ich die eine Ausnahme in der gesamten Geschichte der Menschheit.»

Vielleicht. Aber ob Sie bei den Chancen wohl eine einzige Person mit Grips finden könnten, die auf Sie wetten würde?

Die Zeit verfliegt. Aber weil ich diese Tatsache noch nicht aus vollem Herzen akzeptiert habe, habe ich es mir angewöhnt, Dinge auf morgen zu verschieben, die ich heute erledigen könnte. Warum sollte ich mich hetzen? Morgen ist auch noch ein Tag.

Aber selbst das ist längst nicht gewiss. Es ist durchaus nicht sicher, dass wir morgen früh aufwachen werden. Niemand kann garantieren, dass er oder sie am nächsten Tag noch da sein wird, geschweige denn in siebzig Jahren. Man kann auf der Grundlage von Statistiken wie denen von Lebensversicherungen eine Wette abschließen, aber eine Statistik garantiert uns nichts. Viele werden sich heute zum Schlaf niederlegen, um nie wieder zu erwachen. Das Einzige, dessen wir uns sicher sein können, ist, dass eines Tages jemand die Police unserer Lebensversicherung einstreichen wird.

Der Körper, den wir haben, ist äußerst zerbrechlich. Denken Sie nur daran, was alles nötig ist, damit wir allein das frühe Erwachsenenalter erreichen. Denken Sie an all die Fürsorge für Ihren Körper, die dafür nötig war. Sie mussten ihm jeden Tag

zu essen und zu trinken geben, Sie mussten ihn warm halten, ihn mit Medikamenten behandeln und ihn vor allen möglichen Gefahren beschützen. Und doch kann ihn der Stich eines einzigen Dorns töten. Der Biss eines winzigen Insekts kann ihn vergiften. Eine winzige Mikrobe kann ihn zerstören.
Wir leben in einer Welt, in der es sehr schwer ist, zu erschaffen, und sehr leicht, zu zerstören. Denken Sie nur daran, welche Mühen es gekostet hat, unser Heim zu bauen und all den Besitz zu erwerben, der sich darin befindet. Und doch kann die Flamme eines unbedacht entzündeten Streichholzes all das in Schutt und Asche legen.
Sie denken vielleicht, wenn wir den Körper nur vor allem Schaden schützen, wenn wir einen Weg entdecken könnten, ihn vor dem Altern zu bewahren, dann könnten wir für immer hier bleiben – wenn wir ihn nur weiterhin ernähren. Es sieht so aus, als entwickelte sich die Medizin in diese Richtung. Vielleicht. Aber das größere Problem ist, dass sich alles verändert. Die Sonne, die das Leben auf diesem Planeten aufrechterhält, wird schließlich ihren Brennstoff aufgebraucht haben und sterben. Nun, dann bauen wir eben eine Arche und segeln zu einem anderen Stern, mögen Sie darauf sagen. Es wäre vorstellbar. Sie könnten alle Zeit, die Sie in Ihrem Körper verbringen, darauf verwenden, sich neue Wege auszudenken, wie Sie dem Tod entgehen können. Aber all dieses Nachdenken fügt Ihrer Lebensspanne nicht einen einzigen Moment hinzu. Ganz im Gegenteil: Von dem Augenblick unserer Geburt an streben wir ohne Unterlass unserem Ende entgegen.

Eine Verabredung in Samara

Eine bekannte Sufi-Geschichte erzählt von diesem rastlosen Streben: Es war einmal ein Kaufmann im alten Bagdad, der seinen Diener mit Besorgungen für ein Festmahl auf den Marktplatz schickte. Kurze Zeit später kam der Diener mit leeren Händen zurückgerannt, und blankes Entsetzen stand ihm ins Gesicht geschrieben. Sein Meister forderte ihn auf, zu berichten, was geschehen war. In der Medina, so erzählte der Diener, sei er in der Menge von einem Fremden angerempelt worden. Als er sich umdrehte, um den Grobian zu schelten, habe er zu seinem Entsetzen die vermummte Gestalt des Todes erkannt. Bevor der Diener noch etwas sagen konnte, hob der Tod seine knochige Hand in einer drohenden Geste. Der Diener rannte in Panik davon, ehe der Tod ihn fassen konnte. Nun flehte der Diener seinen Meister an, ihm ein Pferd zu leihen; er wolle flüchten und sich in Samara vor dem Tod verstecken. Der Meister gab es ihm und sah zu, wie er in Windseile davonritt. Später am Tag ging der Kaufmann selbst auf den Markt, wo er auch den Tod in der Menge antraf. «Warum habt Ihr meinen Diener derart bedroht?», fragte der Kaufmann den Tod. «Ich wollte ihm nicht drohen», antwortete der Tod. «Ich habe die Hand nur vor Überraschung darüber erhoben, ihn an diesem Morgen in Bagdad zu treffen. Ich habe nämlich heute Abend eine Verabredung mit ihm in Samara.»

Ist dies eine düstere Geschichte? Es kommt darauf an, wie wir die Sache ansehen. Wenn man verzweifelt versucht, am Leben festzuhalten, dann werden wir letztlich unausweichlich unterliegen. Wenn wir das Leben jedoch wirklich schätzen wollen, dann muss uns zuerst klar werden, wie kostbar es ist. Eben jetzt besitzen Sie etwas, wofür ein sterbender König sein ganzes Reich hingeben würde. Ein Reicher würde sich von seinem gesamten Reichtum trennen, um das Leben zu behalten. Was sonst könnten wir Menschenwesen finden, das so selten und so kostbar ist?

Der Tod als Mahnung

Wir können erst dann beginnen, die Kostbarkeit unseres Lebens zu würdigen, wenn wir aufhören, seine wahre Natur zu verleugnen und uns wie ein Narr daran zu klammern. Ich will nicht empfehlen, sorglos damit umzugehen – keineswegs. Wir alle haben schon Geschichten von ganz gewöhnlichen Menschen gehört, die ohne zu zögern ihr eigenes Leben riskiert haben, um andere zu retten. Wir verehren diese Menschen als Helden, jedoch nicht wegen ihrer Rücksichtslosigkeit sich selbst gegenüber. Wir respektieren sie vielmehr, weil sie uns durch ihr Handeln demonstrieren, wie kostbar das Leben ist. Sie sind bereit, ihr eigenes Leben aufs Spiel zu setzen, um das eines anderen zu bewahren. Was uns bewegt, ist ihre Bereitschaft, etwas derart Kostbares zu opfern. Aus dem gleichen Grunde finden wir das sinnlose Morden, das wir jeden Tag in den Nachrichten sehen, entsetzlich und abstoßend. Uns wird klar, dass hier etwas von unersetzlichem Wert ausgelöscht wird.

Und doch haben wir eine seltsame Einstellung unserem eigenen Leben gegenüber. Die meisten von uns verhalten sich so, als würden sie ewig leben. Die einzige Weise, unser Leben wirklich zu schätzen, besteht darin, aufmerksam damit umzugehen. Wir brauchen im Allgemeinen einen zwingenden Grund, damit wir uns die Mühe machen, unsere Aufmerksamkeit zu schulen. Tun wir das allerdings nicht, dann wandert unsere Aufmerksamkeit hierhin und dorthin und verfängt sich im faszinierenden Glitzerkram des Marktplatzes. Und dann erhaschen wir vielleicht plötzlich einen Blick auf den Tod, der uns vor Angst davonrennen lässt.

Der Trick besteht darin, nicht vor dem Tod zurückzuweichen, sondern zu lernen, das Leben zu schätzen – zu schätzen, wie wundervoll es ist und welches Potenzial in ihm steckt. Aber er besteht auch darin, zu sehen, wie kurz es ist. Der Tod sollte uns als Mahnung dienen. Wenn wir uns daran erinnern und anerkennen, dass der Tod unvermeidlich ist, dann hilft uns das, das Leben zu schätzen. Gelingt uns das, dann werden wir achtsamer leben.

Achtsamkeit bedeutet sowohl *Gewahrsein* unserer selbst im *gegenwärtigen* Augenblick als auch die *Würdigung* unserer *Verbindung* mit dem Rest des Lebens. Das erfordert bedachte und sorgfältige Aufmerksamkeit.

Ich laufe an einem trüben Tag gegen Ende des Herbstes durch den Wald. Der Geruch von Schnee liegt in der Luft. Alle Blätter sind bereits gefallen, nur noch nicht die der raschelnden rostbraunen Eichen; sie werden den Winter über an den Ästen bleiben. Die letzten Wildgänse sind mit ihrem typischen Schrei vorübergezogen. Sie haben sich auf den Weg nach Süden gemacht, bevor der Schnee kommt. Ich stehe am Rande des Biberteichs, blicke auf die großen Kiefern am anderen Ufer und mache mir Sorgen, ob ich wohl die Hypothek verlängern kann, die in fünf Jahren fällig wird. Werde ich genug auf dem Bankkonto haben? Kann ich genügend verdienen? Werde ich das Haus verkaufen und weiterziehen müssen? Da beginnen die ersten Schneeflocken dieses Winters sanft zu fallen. Ich werde mir wieder bewusst, wie ich hier stehe, nicht bittend vor dem Schreibtisch eines Bankangestellten, sondern hier im Wald, wo ich die ersten Anzeichen des Winters beobachte. Ich spüre meine Füße auf dem Boden, und damit bekomme ich eine Ahnung von meinem Platz in der Welt. Ich stehe nicht nur im Wald am Rand eines Teiches, sondern ich schwimme auch im Strom des Lebens.

Wenn mir das Glück hold ist, werde ich vielleicht einen Moment erreichen, in dem ich endlich erkenne, dass ich wie das Wild am Wasserloch tatsächlich hier, lebendig mitten im Leben stehe. Für einen Augenblick werde ich vielleicht Dankbarkeit dafür empfinden, dass ich lebe. Mir wird klar, wie viel von unserem Leben gelebt wird, ohne dass wir im Hier und Jetzt präsent sind.

Nicht nur, dass meine Füße auf dem Boden stehen – dieser Boden ist auch Teil des Planeten. Auf dem Planeten leben andere Menschen – Menschen, die dieselben Bedürfnisse und Wünsche haben wie ich selbst. Wir schwimmen zusammen im selben Strom. Jeder von uns beeinflusst die anderen. Ich bin zutiefst mit diesen Menschen verbunden und für mein Überleben von ihrer Güte abhängig. Bin ich in der Lage zu sehen, dass mein Handeln Konsequenzen hat, weil ich so eng mit anderen verbunden bin? Bin ich fähig, achtsam zu handeln, meiner eigenen kleinen Welle in diesem Strom des Lebens gewahr zu sein?

Manche auf ihre Unabhängigkeit bedachte Menschen mögen sich vielleicht gegen die Vorstellung sträuben, ihr Leben hinge von der Freundlichkeit anderer ab. Schließlich kann man ja seine eigenen Nahrungsmittel anbauen, seine eigene Kleidung nähen, seine eigene Hütte bauen und fern von allen anderen Menschenwesen leben.

Im Moment mag das vielleicht möglich sein, aber war das immer so? Es gab eine Zeit im Leben eines jeden Menschen, wo er oder sie völlig abhängig war von der Freundlichkeit und Fürsorge anderer. Es gab eine Zeit, da konnten Sie noch nicht laufen, sprechen oder sich selbst ernähren. Tag für Tag kümmerte sich jemand um Sie und hielt Sie am Leben.

Es kam zwar der Zeitpunkt, an dem Sie Ihr Zuhause verlassen konnten, um, wenn Sie es wollten, ein Einsiedler im Wald zu werden, der völlige Unabhängigkeit von anderen für sich beansprucht. Aber vorher, als Sie noch hilflos waren, was wäre da geschehen, wenn die Person, die sich um Sie gekümmert hat, nachlässig gewesen wäre und vergessen hätte, Sie zu füttern? Was wäre geschehen, wenn sie nicht für Sie gesorgt und Sie warm gehalten hätte, wenn sie Sie aus Unachtsamkeit hätte zu Boden fallen lassen? Wie hätten Sie überleben können, um eines Tages Ihre Unabhängigkeit von anderen zu behaupten? Es wäre unmöglich gewesen.

Wir mögen der Meinung sein, dass die Menschen, die sich um uns gekümmert haben, Fehler gemacht haben, aber die einfache Tatsache bleibt bestehen, dass wir heute nicht hier wären, wenn uns nicht jemand ernährt und gekleidet und vor tausend alltäglichen Gefahren behütet hätte.

Es steht außer Frage, dass wir die Art von Aufmerksamkeit entwickeln müssen, die uns hilft, uns unserer selbst bewusst zu werden. Doch dieses Bewusstsein muss sich ausweiten, sodass es ein Gefühl für unseren Platz in der Welt und für unsere Verbundenheit mit ihr umfasst. Wir müssen den Wald genauso gut sehen wie die Bäume. Ohne ein umfassenderes Bewusstsein ist es schwierig, die Konsequenzen unseres Tuns wirklich einzuschätzen. Ohne dieses umfassendere Bewusstsein ist es wahrscheinlich, dass wir nur noch mehr Leid säen.

Kann irgendjemand sich wirklich damit abfinden, dass die Menschen um ihn herum leiden? Ich spreche nicht von den namenlosen und gesichtslosen Armen auf einem fernen Kontinent. Ich spreche von Ihrem Partner, Ihren Kindern, Ihren Freunden und Ihrer Familie. Wenn Ihr Tun zu deren Unglück beiträgt, wie viel Glück können Sie wohl für sich finden? Früher oder später werden sie sich beschweren oder sich davonmachen, oder zumindest werden Sie am Esstisch mit ihren unglücklichen Gesichtern konfrontiert sein. Sie mögen unter diesen unglückseligen Umständen Ihr Essen vielleicht hinunterschlingen können, aber wird es Ihnen schmecken?

Ein geschickter Umgang mit den Dingen

Denken Sie für einen Moment über das Gegenteil von Achtsamkeit nach. Zu welcher Art von Verhalten führt es? Was könnte Unachtsamkeit und Gedankenlosigkeit anderes hervorrufen als Leiden?

Als ich bei der Versorgung meiner Bienen aus Unachtsamkeit Fehler machte, mussten sowohl die Bienen als auch ich selbst leiden. Als ich den Bienenstock an einem täuschend milden Herbsttag öffnete, wurde ich gestochen, und einige Bienen starben umsonst. Es war von meiner Seite durchaus kein mutwilliger Eingriff. Aber da ich mir des größeren Zusammenhangs nicht bewusst war, führte das zu einer gewissen Sorglosigkeit. Und das Ergebnis war Leiden. Kein vernünftiger Mensch möchte Leiden verursachen. Und dennoch tun wir es.

Wir müssen lernen, uns auf geschickte Weise durch dieses Leben zu navigieren. Dies ist die wahre Bedeutung von Achtsamkeit. Jeden Tag können wir die Konsequenzen gedankenlosen Handelns beobachten. Leider sind die Nachrichten voll davon. Auf jeder Ebene erzeugt achtloses Handeln neue Schwierigkeiten für uns. Kinder leiden unter zerrütteten Familien. Eltern leiden, wenn ihre Kinder auf die schiefe Bahn geraten. Die alten Menschen leiden darunter, dass man sich nicht mehr um sie kümmert. Die Armen kämpfen darum, über die Runden zu kommen. Wer einen Arbeitsplatz hat, fürchtet, ihn zu verlieren. Jene, denen es besser geht, haben Angst, ihren Besitz zu verlieren. Kriminelle mit Schlips und Kragen unterlaufen unsere Wirtschaft, und auf der ganzen Welt lässt Terrorismus die Menschen um ihr Leben fürchten.

Sie mögen sagen: «Die Menschheit wurde schon immer von solchen Problemen heimgesucht. Ich will einfach nur versuchen, mein eigenes Leben ein wenig friedlicher und ausgeglichener zu gestalten. Was kann ich auf mich allein gestellt schon an all diesen Problemen ändern? Sollte ich nicht einfach nur vor meiner eigenen Haustür kehren?»

Ja, sicher. Wo sonst könnten wir anfangen? Aber der Raum vor unserer Tür geht in den Lebensraum anderer über. Als ich vor einigen Jahren aufs Land zog, wurden meine Interessen von einem älteren Rechtsanwalt vertreten, der über vierzig Jahre lang der Bürgermeister der Stadt gewesen war. Aus seinem Verhalten wurde ersichtlich, dass er mit allen Wassern gewaschen war. Gegenüber von meinem Besitz, auf der anderen Straßenseite, lag ein Stück Wald, in dem nichts als eine kleine Hütte stand. Auf der Straße war nur wenig Verkehr, und die Hütte war von meinem Haus aus nicht zu sehen. Man sagte mir, dass ihre Besitzer sie nur wenige Male im Jahr benutzten. Trotzdem hatte ich die Befürchtung, eines Tages könnten Bulldozer auftauchen, die Bäume fällen und man könnte die ganze Straße entlang Häuser bauen. Deshalb bat ich den Rechtsanwalt, herauszufinden, wer die Besitzer der Hütte waren und ob sie das Stück Land vielleicht verkaufen wollten. Der Rechtsanwalt war bereit, diese Aufgabe zu übernehmen, wenn ich es wirklich wollte. Er machte eine längere Pause, um mich darüber nachdenken zu lassen. Dann sagte er: «Ja. Ich kann mich darum kümmern. Aber wo wollen Sie Halt machen?»

Heute sehe ich auch die andere Seite seiner Frage. Wo werden wir anfangen? Wenn ich in einer besseren, friedlicheren Welt leben will, dann liegt es an mir, etwas dafür zu tun und vor meiner eigenen Haustür damit anzufangen.

Ram Das, der früher Richard Alpert hieß, war nach Indien gereist und hatte dort Maharaj-ji getroffen, der sein Lehrer wurde. Ram Das war von ihrer ersten Begegnung sehr beeindruckt; er hatte das Gefühl, dass Maharaj-ji tief in sein Herz sehen konnte. Nach einiger Zeit war Ram Das endlich für einen Moment mit seinem Guru allein. Er stellte Maharaj-ji die Frage, die ihn ursprünglich nach Indien geführt hatte: «Wie werde ich erleuchtet?» Maharaj-ji antwortete einfach: «Helfen Sie den Menschen, geben Sie ihnen zu essen.»

Für mich sind die Worte von Maharaj-ji eine Aufforderung zur Achtsamkeit.

Aber denken Sie daran, dass Sie selbst auch einer dieser Menschen sind. Um anderen helfen zu können, müssen Sie damit beginnen, dass Sie sich selbst helfen. Um wirklich zu helfen, statt zu schaden, müssen wir Achtsamkeit entwickeln.

UNSER HERZ ANRÜHREN LASSEN

Viele Kulturen siedeln den Geist im *Herzzentrum* an. Wenn wir unseren *Geist* zu einem wirklichen Gefühl der Verbundenheit öffnen, werden unsere Herzen gleichermaßen geöffnet sein.

Stellen Sie sich einen Moment lang vor, dass Sie Ihre Absichten emphatisch zum Ausdruck bringen möchten. Wenn jemand um Ihre Zustimmung bittet, werden Sie energisch mit dem Kopf nicken. Wenn jemand einen Freiwilligen sucht, werden Sie die Hand heben. Doch wie sieht es aus, wenn jemand fragt, wer der Nächste in der langen Schlange vor dem Fahrkartenschalter ist? Wer ist der Besitzer dieses Sackes voller Gold? Wer ist der Fairste unter Ihnen? «Ich», sagen Sie, während Sie auf sich zeigen. Wenn es Ihnen wie mir geht, werden Sie feststellen, dass Sie dabei mit Ihrem Finger auf die Mitte der Brust zeigen.

Traditionelle Kulturen nennen diese Stelle das Herzzentrum. Im Osten ist es als Herz-Chakra bekannt – der wahre Sitz des Geistes, ganz im Gegenteil zum Kopf, den wir im Westen als Sitz unserer Gedanken betrachten. Als Bewohner des Westens verbringen wir die meiste Zeit damit, uns in unserem Oberstübchen, das wir Gehirn nennen, entweder mit staubigen Erinnerungen an die Vergangenheit oder ängstlichen, verträumten Gedanken an die Zukunft zu beschäftigen.

In der engen Dachkammer konventionellen Denkens bin ich von der Ausdehnung des Herzens getrennt. So wie ich jetzt bin, schneiden mich Gewohnheiten und Spannungen von meinen Gefühlen ab. Der Weg wird von einer Art Habgier blockiert,

die einer verwirrten Sichtweise dessen, was essenziell ist, entspringt. Diese Habgier ist subtil, aber allgegenwärtig.
Ich greife nach dem, wovon ich glaube, dass es mich glücklich macht. Ich greife nach dem, wovon ich denke, dass es mich in diesem Körper erhält. Ich greife nach meiner eigenen Identität. Ich bin habgierig, weil ich Angst habe, alles zu verlieren, was ich brauche und begehre, wenn ich es nicht ganz festhalte. Diese unterschwellige Verlustangst beschränkt mich auf unzählige Weisen. Die positiven Qualitäten wie Großzügigkeit, Disziplin, Geduld, Begeisterung und Konzentration werden alle durch diese Habgier geschwächt und von ihr untergraben. Am traurigsten daran ist, dass diese ganze ängstliche Anspannung die Öffnung meines Herzens verhindert. Wir können nur wirklich berührt werden, wenn wir offen sind. Sonst verstecken wir uns hinter einer bewachten Mauer aus Anspannung und wehren stets eine Armee eingebildeter Bedrohungen ab. So kann man nicht leben.
Ich brauche Achtsamkeit, um mir den Weg zurück zu meinem Herzen bahnen zu können. Wenn Geist, Körper und Gefühle miteinander verbunden sind, werden neue Sichtweisen möglich. Doch unsere unbewussten Anspannungen blockieren diese Verbindungen und bringen die Dinge aus dem Gleichgewicht. Sie schränken den Energiefluss durch den Körper ein. Der eingeschränkte Energiefluss führt zu Ungleichgewicht in den Vier Elementen des Körpers, die in den östlichen Lehren üblicherweise als Erde, Luft, Feuer und Wasser beschrieben werden. Werden diese Elemente aus dem Gleichgewicht gebracht, sind wir müde, schwach und krank.

Selbst aus einer konventionellen westlichen Perspektive können wir erkennen, dass diese unbewussten Anspannungen Energie verbrauchen. Sie werden zu Gewohnheiten, die durch einen Mangel an Aufmerksamkeit verfestigt werden. Ich beiße meine Zähne zusammen, und meine Zähne schmerzen. Ich umklammere meinen Stift, als wöge er hundert Pfund. Ich klopfe, ungeduldig auf den Zug wartend, mit dem Fuß auf den Boden, bis mein Knöchel wehtut. Ich ziehe meine Schultern hoch, während ich vor der Tastatur sitze und mir Sorgen mache, ob ich rechtzeitig mit meiner Arbeit fertig werde. All diese unbewussten Anspannungen verschwenden Energie, die ich besser für Bewusstheit verwenden könnte. Wir haben bereits erkannt, dass unsere Zeit in diesem Körper begrenzt ist. Die uns verfügbare Energie in unserem gegenwärtigen Zustand ist ebenfalls begrenzt. Und mit jeder unbewussten Gewohnheit verlieren wir mehr Energie. Jetzt ist ein guter Zeitpunkt, den Fluss zu stoppen.

Aufmerksamkeit beseitigt Anspannung. Beobachten Sie sich jetzt in diesem Moment:

- Achten Sie zuerst auf Spannungen in Ihrer Haltung. Vielleicht beißen Sie die Zähne zusammen. Vielleicht sitzen Sie mit übereinander geschlagenen Beinen da. Beobachten Sie, welche Spannung dies hervorbringt. Schulen Sie Ihr Bewusstsein mit Hilfe der Spannung.
- Atmen Sie. Bleiben Sie mit Ihrer Aufmerksamkeit bei der Spannung. Beobachten Sie, wie sie allmählich nachlässt. Wenn es sich um eine alte Gewohnheit handelt, wird die Anspannung wahrscheinlich zurückkehren, sobald Ihre Aufmerksamkeit nachlässt.

- Doch dann ruft Sie etwas zu sich selbst und Ihrer Absicht zurück. Sie werden sich erneut Ihrer Gewohnheit bewusst, die Zähne zusammenzubeißen oder die Schultern hochzuziehen, und entspannen sich erneut.

Die Angewohnheit zu einer schlechten Körperhaltung kann nur außerhalb Ihrer Aufmerksamkeit operieren. Beleuchten Sie sie mit Bewusstsein, und sie wird anfangen zu verschwinden.

Wir können diese Art von Aufmerksamkeit auch auf unsere gewohnten Sichtweisen richten. Vorher sagte ich, dass sich mein Verständnis meiner wechselseitigen Abhängigkeit von der Welt zu öffnen beginnt, wenn ich an den Punkt komme, ein Gefühl von mir im Hier und Jetzt zu entwickeln. Gewöhnlich wird meine Sicht auf meine Verbundenheit mit dem Leben von Habgier blockiert und eingeengt. Um diese Habgier reduzieren zu können, muss ich meinen Geist für meinen Platz in der Welt um mich herum öffnen. Indem ich meinen Geist öffne, öffne ich mein Herz.

Wie öffne ich nun aber meinen Geist? Indem ich ihn geduldig mit der Wahrheit konfrontiere. Das ist das Verdienst der Achtsamkeit – dass man langsam und geduldig die Dinge so sieht, wie sie sind. Meine verwirrte Sichtweise der Natur meines Lebens wird durch meine angespannte und ängstliche Habgier hervorgebracht. Sie bewirkt, dass ich glaube, ich sei der Wichtigste, der Einzige. Wenn ich mir nicht das nehme, was ich gerade brauche, und es gegen alle Konkurrenten verteidige, werde ich aus dem Spiel sein. Das Gefühl, unter Wölfen zu leben, mag notwendig sein. Doch selbst Wölfe fressen sich in der Regel nicht untereinander. Sie sorgen sogar ziemlich gut für ihre Jungen, beschützen die Mitglieder ihres Rudels und arbeiten zusammen, um für Futter zu sorgen. Tatsächlich ist es so, dass ein Wolf, hat er Sie erst einmal als Freund akzeptiert, sein Leben für Ihre Verteidigung hingeben würde.

Jeder Einzelne von uns ist aufgrund der Freundlichkeit anderer am Leben. Heutzutage bauen nur wenige unter uns ihre Nahrungsmittel selbst an, schneidern ihre Kleidung selbst, stellen ihre Werkzeuge allein her oder bauen ihr eigenes Heim. Auf zahlreiche Weisen sind wir gegenseitig von der harten Arbeit und den Bemühungen anderer abhängig. Würden wir uns alle so verhalten, wie wir uns ein Leben unter Wölfen vorstellen, gäbe es keine Lehrer, die unsere Kleinen unterrichteten. Es gäbe niemanden, der uns pflegte, wenn wir krank sind. Es gäbe niemanden, der uns vor Gefahr beschützte. Es gäbe niemanden, der uns vor Feuer, Flut und Hungersnot bewahrte. Wir hören täglich von solchen großzügigen Taten. Ob wir es nun anerkennen oder nicht, jeder von uns war immer von der Güte Fremder abhängig.

Wir müssen unseren Geist öffnen, indem wir uns klar vor Augen führen, wie verrückt es ist, nur an uns selbst zu denken und die Bedürfnisse anderer zu ignorieren. Ein tibetischer Vers stellt einen treffenden Vergleich an und fordert zum Nachdenken auf.

Kurz gesagt, arbeiten die Naiven allein für ihre Ziele,
Während Buddha einzig zum Wohle anderer wirkte.
Wenn ich meine Anstrengungen mit den ihren vergleiche, wer hat es besser?
Inspiriere mich, dass ich fähig sein werde, Eigeninteresse gegen das Interesse am Wohlergehen anderer einzutauschen.

Wollen Sie frei sein, sehen Sie sich diejenigen an, die Freiheit in ihrem Leben erlangt haben. Welcher Methode sind sie gefolgt? Wenn Sie sich in der heutigen Welt umschauen, werden

Sie vielleicht nicht an jeder Straßenecke einen Buddha finden. Aber wir können uns von denen unter uns, die ein offeneres Herz besitzen, inspirieren, uns von jenen Menschen, die beschlossen haben, ihr Leben auch zum Wohle anderer zu leben, anregen lassen. Vergleichen Sie deren Leben mit dem jener Menschen, die anscheinend nur aus eigenem Interesse handeln, und entscheiden Sie, wer besser dran ist.

Anfangs benötigen wir eine verlässliche *Motivation*, damit unsere Bemühungen um Aufmerksamkeit Früchte tragen können. Ohne die Einsicht in den Sinn und *Zweck* werden wir kaum die erforderlichen Anstrengungen auf uns nehmen.

Ich erkenne, dass die chronische Krankheit der Selbstbeweihräucherung
Der Grund für ungewolltes Leiden ist.
Inspiriere mich, den zu tadeln, dem Tadel gebührt,
Und den großen Dämon des Haftens am Ich zu überwinden.

AUS DEM TIBETISCHEN OPFER AN DEN SPIRITUELLEN FÜHRER

Egoismus ist der Missetäter, der unser Glück stiehlt. Dieser Dieb kann nur durch Achtsamkeit verfolgt werden. Der Weise erkennt dies und kultiviert ein großzügiges Herz, das den klammernden Dämon bezwingt. Hartherzige Menschen mögen Großzügigkeit spöttisch als Form von Schwäche abtun. Schließlich ist dies eine harte Welt. Wenn man überleben will, kümmert man sich am besten zuerst um sich selbst. Seien wir großzügig und nennen wir eine solche Argumentation praktisch. Aber waren diese selben pragmatischen Personen nicht auch einmal hilflos – als kleine Kinder, vollkommen abhängig von der Großzügigkeit anderer? Selbst in der grausamsten Umgebung gab es einen letzten Rest menschlicher Freundlichkeit. Irgendwie wurden sie gefüttert, und jemand hat sich um sie gekümmert. Nehmen wir einmal an, sie hätten eine grausame und raue Kindheit gehabt. Was machte sie so rau? Die selbstsüchtigen, gedankenlosen, unbedachten Handlungen anderer. Was hätte sie zu einem freundlichen und sanften Ort gemacht? Nur die Fürsorge und Zuwendung von anderen. Diese sanfte Umgebung entsteht durch aufmerksames Handeln.

Wir erschaffen uns unsere Umgebung selbst, sei sie nun grausam oder freundlich. Das zeigt sich auf allen Ebenen unseres Alltags. Wir zerstören durch gedankenloses Handeln glückliche Familien. Wir verschmutzen die Luft, die wir atmen, und das Wasser, das wir trinken, durch selbstsüchtige Kurzsichtigkeit. Als Mahatma Gandhi über den Kampf in der Welt sprach, sagte er, dass die Erde zwar in der Lage sei, die Bedürfnisse aller Menschen zu decken, dass sie aber niemals die Gier eines einzelnen Menschen befriedigen könne. Egoistisches Handeln kann niemals Glück erzeugen. Es mag vielleicht zu materieller Befriedigung führen. Aber diese Befriedigung hält nicht lange an, wenn sie auf Gier beruht, denn Gier kann niemals gestillt werden. Sind Sie erst einmal ihr Sklave geworden, so wird die Gier Sie gnadenlos antreiben, ihr bodenloses Verlangen nach mehr zu erfüllen.

Haben wir irgendeine Verpflichtung, achtsam zu handeln? Das hängt davon ab, wie Sie die Konsequenzen Ihres Verhaltens einschätzen. Wenn Sie glauben, egoistisches Handeln könne Ihnen Glück bringen, werden Sie zweifelsohne diesen Pfad gehen. Viele haben ihn vor Ihnen eingeschlagen. Und wie ist es diesen Menschen ergangen? Fragen Sie Ihre zänkischen Erben.

Das Leben als kostbares Geschenk betrachten

Letztlich ist es eine Frage der Entscheidung. Wie wollen Sie Ihr Leben gestalten? Es ist Ihre Zeit, die Sie so verbringen, wie Sie es wünschen. Ich glaube, uns geht es viel besser, wenn wir das Leben als das kostbare Geschenk ansehen, das es wirklich ist. Aber es ist ein Geschenk, das wir letzten Endes loslassen müssen. Uns krampfhaft daran zu klammern wird uns nicht helfen, eine wahrhaftige Wertschätzung ihm gegenüber zu entwickeln. Wir müssen Achtsamkeit entwickeln, um zu wissen, wie wir unser Leben weise verbringen.

Die Weisen fordern uns auf, unsere Perspektive auszuweiten. Sie erkennen, dass wir letztlich alle dieselbe Luft atmen. Wir trinken aus demselben Brunnen. Es heißt, dass Liebe und Mitgefühl bei erleuchteten Wesen grenzen- und mühelos sind. Diese erleuchteten Menschen sind wie wir von dem Wunsch nach Glück und Freiheit von Leiden motiviert. Der Unterschied liegt darin, dass ihr Wunsch nach Glück und Freiheit von Leiden alle fühlenden Wesen mit einschließt.

Wir können eine Ahnung von dieser Art Liebe und Mitgefühl bekommen, wenn wir eine liebende Mutter ansehen. Wie könnte sie jemals glücklich sein, wenn sie weiß, dass ihr Kind leidet? Würde sie nicht alles tun, was in ihrer Macht steht, um ihr Kind vom Leiden zu befreien, und nicht ruhen, bis ihr Kind sicher und glücklich wäre? Würde sie nicht mit der größten Motivation handeln, um dies zu erreichen, während sie ihre eigenen Belange hintan stellt? Würde sie nicht ohne zu zögern ihr Leben geben, damit ihrem Kind nichts zustieße? Eine solche Mutter ist ein gutes Beispiel für ein Handeln, das aus Liebe (dem Wunsch, das Kind glücklich zu sehen) und Mitgefühl (dem Wunsch, das Kind von Leiden zu befreien) geboren wurde.

Eine liebende Mutter kann vielleicht fähig sein, eine derart achtsame Fürsorge für ihr eigenes Kind zu entwickeln – wach und aufmerksam für alle seine Bedürfnisse. Aber sie wird wohl kaum in der Lage sein, diese Art von Fürsorge jedem Kind dieser Welt angedeihen zu lassen. Während eine liebende Mutter auf die Bedürfnisse ihres Kindes reagiert, handeln Erleuchtete mit äußerster Achtsamkeit, um Glück und Freiheit von Leiden für alle Wesen zu ermöglichen.

Es wird sicher kaum jemand etwas dagegen einwenden, wenn ich sage, dass das Leben der meisten von uns weit von einer solchen Handlungsweise entfernt ist. Vielleicht ist Erleuchtung tatsächlich nicht Ihr Ziel. Sie wünschen sich ein ruhigeres, gesammelteres Leben. Sie hoffen auf einen gewissen Frieden im Geiste. Vielleicht wünschen Sie sich eine größere Neugier für dieses Leben, hier und jetzt, mit allem, was es zu bieten hat. Sie möchten vielleicht ein besserer Mensch werden, freundlicher und offener und großzügig zu jenen, die Sie umgeben, und Sie glauben, Achtsamkeit zu entwickeln könnte hilfreich sein. Wer könnte etwas dagegen haben? Welches Ziel Sie auch immer verfolgen, Sie brauchen eine klare Motivation, um es zu erreichen. Warum sollten Sie sonst handeln?

Achtsamkeit wertschätzen

Daran ist nichts Überraschendes. Alles, was wir tun, ist von irgendeiner Motivation bewegt. Um die Arbeit, die für die Entwicklung von Achtsamkeit nötig ist, beginnen und aufrechterhalten zu können, brauchen wir eine solide und verlässliche Motivation. Können wir erkennen, wie gedankenloses und unbewusstes Handeln Leiden für uns und andere verursacht? Können wir erkennen, dass Achtsamkeit zur Befreiung von diesen Leiden zu führen vermag? Können wir erkennen, dass achtsam zu leben uns helfen kann, den besten Gebrauch von diesem kostbaren Leben zu machen? Wenn wir es können, dann werden wir anfangen, Achtsamkeit zu schätzen. Wenn wir sie wertschätzen, werden wir bereit sein,

die zu ihrer Entwicklung erforderlichen Anstrengungen auf uns zu nehmen.
Wenn ich das Wohlergehen aller anderen Wesen als meine Motivation zum achtsamen Handeln betrachte, ist das wunderbar. Doch das mag zurzeit noch ein allzu hoher Anspruch an mich sein. Wenn ich aber erkennen kann, dass achtsames Handeln sowohl für mich als auch für andere von Nutzen ist, dann ist das zunächst genug Motivation, um mich zu bemühen.
Als menschliche Wesen haben wir außerdem noch eine andere Eigenheit, der wir Rechnung tragen müssen. Die Wahrheit ist, dass wir nur das wertschätzen, wofür wir bezahlen. Wir mögen an Besitztümern hängen, die man uns geschenkt hat, aber wir schätzen sie nicht wirklich. Um zu begreifen, dass etwas wertvoll ist, so scheint es, müssen wir es selbst bezahlt haben. Die Achtsamkeit bezahlen wir mit Aufmerksamkeit.
Aufmerksamkeit hat große Kraft, die Anspannungen, Gewohnheiten und negativen Gefühle zu überwinden, die den Boden für Leiden bereiten. Die Investition von Aufmerksamkeit bringt ihre eigene Belohnung mit sich. Doch im Moment ist sie für die meisten von uns noch Mangelware.
Versuchen Sie dem zweiten Zeiger auf Ihrer Armbanduhr zu folgen. Versuchen Sie, sich sechzig Sekunden darauf zu konzentrieren, während Sie nur auf Ihren Atem achten, ohne dass Ihre Gedanken abschweifen. Versuchen Sie, eine Minute aufrichtig zu sich selbst zu sein. Wenn es Ihnen wie mir ergeht, werden Sie bald von einer Reihe Gedanken abgelenkt werden.
Was muss ich heute noch machen? Kommt da ein Wagen die Auffahrt herauf? Ist es hier zu kühl? Warum sitze ich hier und starre auf meine Uhr? Besitze ich wirklich so wenig Aufmerksamkeit? Gedanken fangen an, in mich einzusickern, bereit, meine Aufmerksamkeit auf sich zu ziehen und mich wegzutragen.

Aber womit sonst könnte ich bezahlen außer mit meiner Aufmerksamkeit? Ohne sie werde ich weiterhin gedankenlos agieren. Mit ihr werde ich dagegen beginnen, mit aller Fürsorge und Aufmerksamkeit, die dieses kostbare Leben verdient, zu handeln.

Wenn wir erkennen, wie schwer es wirklich ist, aufmerksam zu sein, fangen wir an, die erforderlichen Mühen zu begrüßen. Ich werde die grenzenlose Aufmerksamkeit der Erleuchtung nicht erreichen, indem ich mich für sechzig Sekunden auf meine Uhr konzentriere. Ich kann nicht erwarten, die breite Fülle des Lebens auf einen Schlag zu sehen. Doch indem ich kleine wiederholte Zahlungen vornehme, kann ich die Kraft meiner Konzentration stärken. Ich brauche diese Konzentration, denn es gibt einen Dieb, der in der Nähe lauert und darauf wartet, dass meine Aufmerksamkeit nachlässt.

DEN DIEB ERTAPPEN

Wir werden unserer Freude und *Lust* am Leben durch negative Eigenschaften beraubt, die uns immer wieder zum Leiden führen. Um uns von ihrer Umklammerung zu *befreien*, damit wir uns und anderen dienlich sein können, müssen wir *Aufmerksamkeit* entwickeln.

Es gibt einen Dieb, der mir mein ganzes Leben lang gefolgt ist. Selten habe ich ihn gesehen, obwohl er immer ganz in meiner Nähe war. Er verfolgt mich wie ein Schatten. Auch wenn ich mitten in die weite, offene Ebene hinausfahre und zufrieden unter dem leeren Himmel sitze, schleicht er sich hinterrücks an. Wende ich ihm einen Moment den Rücken zu, verschafft er sich Zutritt zu meinen Gedanken und Gefühlen und schnappt sich meine Zufriedenheit. Der Dieb kommt im negativen Gewand von Anhaftungen, Zorn und Unwissenheit daher.

Ich bin ziemlich sicher, dass er auch hinter Ihnen her ist. Nur wenige von uns werden verschont von seinen Plünderungen. Er entstammt einem grundlegenden Missverständnis unserer Natur. Dieses Missverständnis ist so grundlegend und beherrschend, dass wir es kaum sehen. Wenn ich das Gefühl habe, jemand habe mir Unrecht getan, dann bekomme ich vielleicht eine Ahnung davon. Wenn ich glaube, ich sei zu Unrecht beschuldigt worden, steht sofort etwas in mir zur Verteidigung auf. «Wie kannst du es wagen?», sagt es. Ich kann spüren, wie dieses Gefühl eines soliden «Ich» bei dieser Gelegenheit heiß in mir aufsteigt. Es ist genau dieser zähneknirschende Genosse, dem ich auf die Schliche kommen will.

Die meisten von uns springen auf eine Anschuldigung an, als bedrohe sie eine Schlange. Wir wehren uns, zeigen sofort mit dem Finger auf jemanden oder etwas anderes. Sie mögen einwenden, wir täten das, weil wir Bestrafung fürchten. Ich glaube, es geht um etwas Tieferliegendes: Wir verteidigen unsere Identität. Tatsächlich verbringen wir die meisten unserer Tage und Nächte damit, unsere Identität zu verteidigen. Sie scheint so solide zu sein, und doch reagieren wir, als sei sie die zerbrechlichste Sache der Welt. Sie reagiert höchst empfindlich auf die leiseste Kränkung. Etwas so Flüchtiges wie der zufällige Blick eines Fremden auf der Straße kann schon genügen, um uns ins Schleudern zu bringen.

Stellen Sie sich einmal vor, Sie versuchten Buddha zu beleidigen. Was glauben Sie, wie schnell er aufbrausen würde? Vergleichen Sie das mit Ihrer eigenen Fähigkeit, mit Beleidigungen umzugehen. Selbst unsere Höflichkeit ist gewöhnlich nicht viel mehr als eine Maskerade, die einen geradezu komischen Grad an Empfindlichkeit verdeckt. Wenn wir uns selbst dabei zusehen könnten, wie wir den ganzen Tag lang höflich Paraden und Finten ausführen wie ein betrunkener Musketier, so würden wir sicher lachen müssen. Wir verteidigen lediglich unsere Ehre, sagen wir. Niemand würde sklavisch Unrecht ertragen, könnten wir einwenden. Gut. Aber zuerst müssen wir herausfinden, wem oder was unrecht getan wurde. Dann können wir sehen, welche Rolle das Sklavische spielt.

Der Dieb erscheint in Form von Unwissenheit, Anhaften und Zorn. Die Unwissenheit, diese falsche Vorstellung von unserer Identität, macht uns so unerträglich defensiv. Wir sind vollkommen davon überzeugt, dass es etwas zu verteidigen gibt. Wir glauben, dass unsere Identität durch Beleidigungen und Anschuldigungen bedroht wird. Wir reagieren blitzschnell, wenn wir fühlen, dass sie angegriffen wird. Ich spreche hier nicht von Bedrohungen für unsere Gesundheit oder unser Wohlbefinden, solchen, die unser Leben gefährden. Ich spreche von Beleidigungen, die diesem kleinen königlichen Tyrannen, Ego genannt, gelten. Er ist derjenige, der mich zum Sklaven gemacht hat. Der meine Freude stiehlt. Er ist es, dessen unablässige Ansprüche mich auslaugen. Er möchte zu etwas Konstantem werden. Er will ewig leben. Er reagiert mit Entrüstung und Wut auf jegliche Bedrohung seiner Existenz. «Kümmere dich nicht um den Typen hinter dem Vorhang», raunt er mir zu. «Ich bin der große Zampano.» Was für ein Unsinn!

Wenn er so groß und mächtig ist, warum erfreuen wir uns dann nicht in diesem Augenblick der Freiheit und des Glücks? Warum ereilen uns Krankheiten? Warum müssen wir uns mühen und schuften, um unseren Lebensunterhalt zu verdienen? Wir alle streben nach Glück, aber dieser Bursche reitet uns immer wieder in Schwierigkeiten hinein. Hören Sie sich bloß an, was er für Ausreden findet – ständig wälzt er die Schuld von sich ab und bemäntelt sein Versagen und sein Unvermögen, Glück herbeizuführen, mit einer endlosen Litanei des «Wenn doch nur ...». Wenn Soundso doch nur tun würde, was ich ihm sage. Wenn mir doch nur Soundso nicht im Wege stünde. Wenn diese Dummköpfe doch nur mein Talent erkennen würden, wenn sie nur sehen würden, was ich geleistet habe, wie heilig ich bin, wie intelligent ich bin, wie demütig ich bin, was ich für ein bezauberndes Lächeln habe ... und so weiter.

Die Sache ist die, dass dieser Bursche uns niemals zum Glück führen kann. Er ist viel zu sehr damit beschäftigt, seine Diktatur aufrechtzuerhalten, als dass er uns irgendwo hinführen könnte außer in Schwierigkeiten. Stattdessen trichtert er uns ständig ein, dass wir ohne ihn ein Nichts wären. Ohne ihn hätten wir keine Identität. Er lässt uns befürchten, dass wir uns selbst verlieren, wenn wir auch nur für den Bruchteil einer

Sekunde von ihm ablassen. Wir wurden unser ganzes Leben lang von diesem Glauben beherrscht.
Einst bat jemand einen bekannten tibetischen Yogi, seine Vorgehensweise zu beschreiben. Der Fragende erhoffte sich, Näheres über eine Form der spirituellen Praxis zu erfahren. Stattdessen antwortete der Yogi:

Ich stehe mit gezogenem Schwert am Eingang meiner Höhle.
Wenn ein Dieb auftaucht, strecke ich ihn ohne Zögern nieder.

Wir hingegen haben bis heute diesen Dieb mit offenen Armen empfangen. Wir haben ihn immer und immer wieder an unseren Tisch eingeladen. Und immer wieder hat er sich mit unserer Freude, unserem Glück, unserem Geistesfrieden davongemacht. Wir haben so hart darum gekämpft, sie zu erlangen, und im Nu entwendet der Dieb sie uns.
Um ihn ertappen und davonjagen zu können, müssen wir ihn erst einmal als Dieb erkennen, und zwar in dem Augenblick, in dem er auftaucht. Um wachsam bleiben zu können, müssen wir uns an den Wert dessen erinnern, was uns gestohlen wird. Um diesen Kriminellen ein für alle Mal besiegen zu können, müssen wir Gewahrsein entwickeln.
Dieser diebische Tyrann, den man Unwissenheit nennt, wird von zwei Henkern an der Macht gehalten, von Zorn und Anhaften. Sie quälen uns mit allerlei großen und kleinen Dingen; sie stehlen unsere Zufriedenheit und verwickeln uns in alle möglichen Querelen, die von der wahren Quelle unserer Schwierigkeiten ablenken.
Schauen wir uns diesen Kerl namens Anhaften zuerst an. Buddha lehrte, dass sein Ursprung die Gier ist, und ich glaube, diese Umschreibung trifft es am besten. Wir wollen Dinge besitzen. Wenn wir sie nicht bekommen, sind wir unglücklich.

Ich bin einmal eine Weile in der Gesellschaft eines Kriminalkommissars herumgereist. Er ging in unseren Gesprächen das ganze Spektrum der Verbrechen durch, die Menschen begehen können. Und er merkte an, dass selbst die schlimmsten Verbrechen in eine von zwei Kategorien einzuordnen sind: Sie sind entweder von Geld oder von Liebe motiviert. Heutzutage setzen wir Geld mit Macht gleich, aber wenn wir Shakespeare durchblättern, finden wir dieselbe Bandbreite von Motiven. Shakespeares Charaktere begehren etwas, und dass sie es nicht bekommen, obwohl sie alles dafür tun, bringt sie zu Fall. Othellos unsinniger Verdacht, Desdemona sei von einem anderen Mann besessen, ist ihrer beider Untergang. Macbeth mordet sogar, um an den Thron zu kommen – dank der Prophezeiung, er sei unbesiegbar, bis der Wald von Birnam nach Dunsinane komme, fühlt er sich sicher. Bis er mit Entsetzen ansehen muss, wie das Unwahrscheinliche tatsächlich passiert. Brutus will in Herz und Geist der Römer auch weiterhin als rechtschaffener Mann gelten und wird von seiner Rechtschaffenheit dazu gebracht, Cäsar zu ermorden.

Auch wir sind in unsere alltäglichen kleinen Tragödien verwickelt. Wir mögen vielleicht keine Rolle von Shakespeare'schem Format spielen, aber wir werden von denselben Begierden und Frustrationen angetrieben. Wir bekommen nicht, was wir uns wünschen, und unser tyrannisches Ego kocht über vor Wut. Das Resultat ist, dass diese Wut, die aus enttäuschter Begierde entstand, alles andere ebenso vergiftet.

Wir fühlen uns beleidigt, sind verletzt, wütend. Geschrei und Vorwürfe schwirren durch die Luft. So sieht das Tagwerk von Gier und Zorn aus, die dafür sorgen, dass der Diktator es sich auf seinem Thron noch bequemer machen kann.

Würde man sich in einem Land, das von einem Diktator beherrscht wird, nach Freiheit sehnen, dann schmiedete man vielleicht Fluchtpläne. Wenn die uns Nahestehenden auch dort lebten, würden wir versuchen, ihnen ebenfalls zur Flucht zu verhelfen. Wäre das nicht möglich, dann bliebe uns nichts anderes übrig, als den Tyrannen selbst zu stürzen, wenn wir frei sein wollen.

Dieser Tyrann, das Ego, ist das wahre Ziel der Achtsamkeit. Wie bei jeder politischen Kampagne müssen wir jedoch zuerst eine praktikable Strategie entwickeln. Wir müssen unsere Streitkräfte sammeln und trainieren. Wir müssen unsere Ressourcen einteilen und vermehren, um uns auf die lange Schlacht vorzubereiten. Wir brauchen Mut und Entschlossenheit. Wir brauchen jene feste Entschlossenheit, die aus dem Wissen darum erwächst, dass unsere Sache eine gerechte ist.

Sie sollten sich von Anfang an darüber klar sein: Wenn es etwas gibt, das dieser Bursche nicht leiden kann, dann ist es das direkte Licht der Aufmerksamkeit. Zuerst mag es sehr schwierig sein, auch nur einen flüchtigen Blick auf diesen Diktator und seine Machenschaften zu erhaschen. Aber wenn wir fortfahren zu üben, wenn wir unser Tun aufmerksam beobachten, ohne augenblicklich darauf zu reagieren, dann werden wir langsam bemerken, wo er überall seine Finger im Spiel hat. Wir werden dem Yogi immer ähnlicher, der den Eingang zu seiner Höhle mit gezücktem Schwert bewacht – bereit, den Dieb zu stellen.

Um zu entscheiden, ob sie sich auf ein Projekt einlassen sollen, sehen Geschäftsleute sich an, welchen Gewinn ihnen eine Investition bringt. Da wir *Mühe* und *Zeit* aufbringen müssen, um unsere Achtsamkeit zu entwickeln, sollten wir wissen, was wir zu erreichen hoffen, wie wir es *erreichen* wollen und ob wir unsere Mittel in eine verlässliche Methode *investieren*.

Unsere Zeit ist kostbar. Die meisten von uns möchten etwas aus ihrer Zeit machen und sie nicht verschwenden. Aber das Leben ist ein riskantes Geschäft. Die Frage ist, ob wir von der Veranlagung her eher Spieler sind oder ob wir lieber dort investieren, wo es vernünftige Aussichten auf einen Anlagegewinn gibt.

Sich zur Übung von Achtsamkeit zu entschließen unterscheidet sich kaum von irgendeiner anderen Art von Investition. Wollten wir in ein Unternehmen investieren, dann würden wir zuerst dessen Unternehmensstrategie studieren. Diese Strategie würde uns Auskunft darüber geben, wie der Markt für die Produkte dieses Unternehmens aussieht, ob die Nachfrage groß genug ist und wie das Unternehmen gedenkt, diese Nachfrage erfolgreich zu befriedigen. Es könnte einen Finanzplan geben, der aufzeigt, wie man das nötige Kapital aufbringen kann und wie es investiert werden soll, damit das Unternehmen einen Gewinn erzielt. Bevor wir uns festlegten, würden wir uns diese Einzelheiten sorgfältig ansehen, um beurteilen zu können, ob dieses Unternehmen Aussichten auf Erfolg hat. Es gibt zwar keine Garantien, aber eine sorgfältige

Analyse der Gegebenheiten würde es uns ermöglichen, eine fundierte Entscheidung zu treffen.
Buddha forderte seine Anhänger vor 2500 Jahren auf, seine Lehre einer solchen kritischen Prüfung zu unterziehen. Er empfahl ihnen, seine Worte nicht sofort für bare Münze zu nehmen, sondern sie zu prüfen, wie man eine Goldmünze prüft, die man erwerben möchte. Würden wir Gold kaufen, dann würden wir es in jeder denkbaren Weise prüfen, um seine Reinheit zu bestimmen. Buddha forderte seine Schüler auf, die Wahrheit seiner Lehre ebenso gründlich auf die Probe zu stellen.
Wir lassen uns häufig auf ziemlich abenteuerliche Geschäfte ein, oft ohne uns des Risikos bewusst zu sein. Wir handeln auf Hörensagen hin, folgen unserer Intuition oder werfen eine Münze und hoffen das Beste. Was auch immer wir uns entschließen zu tun, wir tun es in dem Glauben, die richtige Wahl getroffen zu haben. Es wäre jedoch besser, wenn wir intelligent handelten und nicht auf der Grundlage eines blinden Glaubens. Blinder Glaube bietet uns dieselben Chancen wie ein Glücksspiel: Es kann alle Jubeljahre einmal zu Reichtum führen, aber zumeist endet es im Ruin. Im schlimmsten Fall kann uns blinder Glaube durchaus über den Rand eines Abgrunds locken, in der festen Überzeugung, dass dies der Weg zur Freiheit ist. Dies sind oft die tragischen Konsequenzen von Fanatismus.

Einen geeigneten Pfad wählen

Wir Menschen haben den Vorteil, einen intelligenten und unterscheidungsfähigen Geist zu besitzen. Wir sollten ihn dazu benutzen, die Wahrheit dessen, was wir vorfinden, zu prüfen, um entscheiden zu können, ob es ein geeigneter Pfad für uns sein könnte. Wir werden nicht alle Fakten und ihre langfristigen Konsequenzen bis in alle Einzelheiten erkennen können, aber wir können zumindest feststellen, ob der Pfad, dem wir folgen wollen, sich in der Vergangenheit als zuverlässig erwiesen hat. Und wir können sehen, ob er mit unseren eigenen Beobachtungen und Erfahrungen übereinstimmt. Wir haben das wundervolle Hilfsmittel eines gesunden Menschenverstandes. Fragen Sie sich also:

- Ergibt der Pfad, für den Sie sich interessieren, Sinn?
- Zeigt er Ihnen eine Vorgehensweise auf, die Sie aller Voraussicht nach aus eigener Kraft befolgen können?
- Führt ein Schritt auf diesem Pfad zum nächsten, sodass Sie an Ihr Ziel gelangen können?

Die traditionellen tibetischen Lehren fordern uns auf, drei Punkte zu betrachten, wenn wir uns dazu entschließen, einem spirituellen Pfad zu folgen. Diese Aspekte heißen *Grund*, *Methode* und *Ergebnis*:

- Der **Grund** ist das, womit wir arbeiten. Im Fall der Achtsamkeit arbeiten wir mit dem Geist.
- Die **Methode**, die wir benutzen, ist die Schulung der Aufmerksamkeit zur geduldigen, regelmäßigen Übung.
- Das **Ergebnis**, das wir anstreben, ist ein stabilerer und umfassenderer Geist, der sich auf die anstehende Arbeit zu konzentrieren vermag. Mit dieser Aufmerksamkeit können wir beginnen, ein für alle Mal die Illusionen zu demontieren, die die Wahrheit vor uns verbergen.

Wie Jesus sagte:

Ihr sollt die Wahrheit kennen,
und die Wahrheit wird euch frei machen.

Aber um die Wahrheit kennen zu können, müssen wir in der Lage sein, sie zu sehen. Das verlangt, unseren Geist so zu schulen, dass er echtes Unterscheidungsvermögen erlernt.

Das wilde Pferd zähmen

Wir versuchen, das wilde Pferd des Geistes zu zähmen, damit es für uns arbeiten kann. Dieses wilde Pferd ist mitunter sehr schnell und kraftvoll, und im Moment sind wir noch nicht in der Lage, es zu zügeln.
Als ich auf dem Lande lebte, hatte ich einige Jahre lang mehrere Pferde. Wenn ich heute auf diese Zeit zurückblicke, habe ich den Eindruck, dass sich der Umgang mit Pferden nicht sehr stark von der Übung in Achtsamkeit unterscheidet. Zuerst haben wir es mit einem ausgelassenen jungen Pferd zu tun. Wir hoffen, eines Tages damit über Berg und Tal reiten zu können und auf seinem Rücken die Stille des Sonnenuntergangs zu genießen. Wir sind bereit, das Fohlen zu füttern und uns in jeder Hinsicht um seine Gesundheit und sein Wohlergehen zu kümmern – aber wir müssen es auch zähmen. Letzteres kann man auf die grobe oder auf die einfühlsame Weise tun. Viele Leute sagen, Pferde müssten «abgerichtet» werden, und nur zu oft habe ich gesehen, wie sie dabei zugrunde gerichtet wurden. Wenn das die einzige Möglichkeit wäre, das Ziel zu erreichen, dann würde ich die Pferde lieber wild herumlaufen lassen. Aber es ist *nicht* die einzige Möglichkeit.

Sieht man genau hin, wird deutlich, dass das Pferd durchaus zu lernen bereit ist. Aber wir müssen erst einmal seine Aufmerksamkeitsspanne beobachten. Am Anfang wird es des Lernens ziemlich bald überdrüssig sein. Wir müssen darauf Rücksicht nehmen und dürfen es nicht zu hart antreiben.

Wir sollten auch die Umstände, unter denen das Lernen stattfindet, in Betracht ziehen. Pferde sind Gewohnheitstiere – ein neuer Anblick kann sie verstören und ablenken. Dessen müssen wir uns bewusst sein und dürfen nicht denken, das Pferd sei plötzlich einfach so störrisch geworden oder würde grundlos scheuen. Ihre eigene Beziehung zu dem Pferd – wo Sie stehen, wie Sie sich bewegen, was Sie sagen – wird von dem Pferd sehr sensibel wahrgenommen. Wenn Sie seine Reaktionen beobachten, werden Sie feststellen, dass es mit seinem Verhalten auf Ihr Verhalten reagiert.

Wenn Sie sorgfältig vorgehen, werden sich nach einiger Zeit die ersten Ergebnisse zeigen. Schon bald wird deutlich, dass das Pferd Spaß an der Arbeit hat. Es wird schon am Tor der Koppel auf Sie warten. Vielleicht fordert es Sie sogar mit einem Stupser dazu auf, ihm das Halfter anzulegen, da es weiß, dass dann neue Abenteuer außerhalb der Koppel auf es warten.

Sie sind bereit, sich die Zeit zu nehmen, geduldig all die verschiedenen Aufgaben zu erledigen, weil Sie von anderen gehört haben, dass sie zu Resultaten führen, und weil Sie selbst sehen können, dass sie sinnvoll sind. Dabei wird sowohl die Natur des Pferdes als auch die des Reiters berücksichtigt. Erledigen Sie sie mit Sorgfalt und Genauigkeit, dann werden sie zu dem von Ihnen gewünschten Ergebnis führen. Sie werden Ihre Zeit nicht vergeudet haben. Eines Abends werden Sie sich auf dem Rücken des Pferdes oben auf dem Hügel wieder finden, mit Blick auf die rosigen Wolken gen Westen.

Sie beide, Pferd und Reiter, werden dort den Sonnenuntergang erwarten, still und in Frieden, beinahe so, als wären Sie eins.

ZWEITER TEIL

Achtsamkeit entwickeln

WIE? – HMMM – ACH SO!

Die Bewusstwerdung jeglicher Praxis setzt voraus, dass man sie *erlernt* und sie *analysiert*, um sie letztlich *verstehen* zu können, sodass sie ein integraler Bestandteil der eigenen Erfahrung wird.

Vor einigen tausend Jahren saß der griechische Philosoph Archimedes in seiner Badewanne. Er hatte schon lange darüber nachgedacht, wie man herausfinden könnte, ob die Krone eines Königs aus reinem Gold besteht oder nur aus einer minderwertigen Legierung, die wie Gold aussieht. Archimedes wusste aufgrund seiner Studien der Natur, dass verschiedene Legierungen mit gleichem Volumen unterschiedliches Gewicht besitzen. Hat man zwei gleich große Ringe, einen aus Gold und einen aus Silber, dann wird sich der goldene auf der Waage als schwerer erweisen.
Könnte er nur ein Mittel finden, das Gewicht der Krone mit

einem gleichen Volumen an Gold zu vergleichen, dann könnte er feststellen, ob die Krone aus echtem Gold bestand. Es wäre dann ein Leichtes, die Krone gegen eine entsprechende Menge Goldes aufzuwiegen. Aber wie konnte er feststellen, ob die Krone und der Goldbarren gleiches Volumen besaßen? Das Volumen des Barrens war leicht zu errechnen, aber die komplizierte Form der Krone machte es schwer, ihr Volumen zu bestimmen. Er konnte die Krone schließlich nicht einschmelzen, um sie mit dem Barren zu vergleichen, dann hätte der König ihn wohl enthaupten lassen. Er musste einen anderen Weg finden.

Als sich Archimedes in die Wanne gleiten ließ, bemerkte er, wie das Wasser anstieg und dann überlief. «Heureka!», war sein legendärer Ausruf. «Ich habe es gefunden!» Die Legende berichtet, er sei so außer sich gewesen über seine Entdeckung, dass er aufsprang und nackt durch die Straßen lief. Er hatte die Krone und seinen Kopf gerettet. Ihm war klar geworden, dass Körper gleichen Volumens die gleiche Menge Wasser verdrängen. Wenn die Krone mit ihrer komplexen Form und ein Goldbarren gleichen Gewichts dieselbe Menge Wasser verdrängen, dann besitzen sie dasselbe Volumen. Und zwei Metalle desselben Gewichts und Volumens müssten dann aus demselben Material bestehen.

Viele von uns, die sich schon einmal einer äußerst schwierigen Fragestellung gegenübergesehen haben, kennen dieses Gefühl der Hochstimmung, das entsteht, wenn wir schließlich etwas begriffen haben. Wir gelangen zu etwas, das mehr ist als bloßes Verständnis. Mit jenem «Heureka!» ist das, was wir begriffen haben, zu einem integralen Bestandteil unserer Erfahrung geworden – tatsächlich zu einem Teil von uns.

Die drei Ebenen des Lernens

Die traditionellen tibetischen Lehren besagen, dass wir bei jedem Schritt, den wir tun, drei Ebenen des Lernens anwenden müssen, wenn wir Fortschritte erzielen wollen. Diese Ebenen könnte man *Lernen, Analysieren* und *Erfahren* nennen.

Zuerst hören oder lesen wir auf der Ebene des Lernens über eine Idee. Wenn wir auf dieser Ebene stehen bleiben, dann besitzen wir lediglich Informationen. Wir können ganze Bibliotheken davon in unserem Gehirn abspeichern und in der Lage sein, sie Wort für Wort wiederzugeben. Doch wenn wir das, was wir gelernt haben, nicht einer Analyse unterziehen, dann haben wir nicht mehr erreicht als ein Papagei.

Archimedes wusste, dass verschiedene Metalle unterschiedliches Gewicht haben. Wäre er auf dieser Ebene der bloßen Beobachtung stehen geblieben, dann wäre es nicht zu seiner Entdeckung gekommen. Aber er dachte über die Information, die er besaß, nach. Er versuchte herauszufinden, inwieweit sie mit dem Rest seines Wissens über die Welt zusammenpasste. Er fragte sich, welche Konsequenzen das Ganze hätte.

Die zweite Ebene besteht also darin, über das, was wir gelernt haben, nachzudenken. Die traditionellen Lehren unterscheiden bei der Meditation zwei Kategorien: die geistige Sammlung und die analytische Meditation oder Shamatha und Vipashyanā. Beide sind unentbehrlich, damit wir auf unserem Weg fortschreiten können.

Das zu bedenken, was Sie gelernt haben, und es in seiner Tiefe zu betrachten, das ist analytische Meditation. Sie müssen dazu nicht auf einem Meditationskissen sitzen. Sie können dabei auch in einer Warteschlange im Supermarkt stehen, auf dem Weg zur Arbeit im Zug sitzen – oder eben in der Badewanne liegen. Es geht nur darum, unseren Geist mit dem arbeiten zu lassen, was wir gelernt haben.

- Analysieren Sie es.
- Hinterfragen Sie es.
- Überprüfen Sie es.
- Denken Sie wieder und wieder darüber nach.
- Schauen Sie, ob es sinnvoll ist.

Sobald Sie den fraglichen Punkt untersucht haben, können Sie die konzentrative Meditation üben. Wenden Sie Ihre Aufmerksamkeit der Fragestellung zu und konzentrieren Sie sich in der Stille darauf. Halten Sie sie fest. Sammeln Sie sich ohne Abschweifen auf diese eine Sache. Natürlich wird Ihre Aufmerksamkeit nicht konstant sein. Aber wenn Ihr Geist abschweift, dann registrieren Sie dieses Abschweifen einfach, ohne sich Vorwürfe zu machen, und kehren dann zu der Frage zurück. Üben Sie jeden Tag ein wenig auf dieser Ebene, bis Ihr Geist sich an diese Arbeit gewöhnt hat. Früher oder später werden Sie wie Archimedes die Wahrheit dessen sehen, was Sie betrachten, und in Ihr eigenes «Heureka!» ausbrechen. Es wird zu einem Teil von Ihnen werden. Dies ist die dritte Ebene des Lernens, die Ebene der Erfahrung. Diese Art von Erkenntnis ist das Herz einer jeden echten Praxis. Sie ist das wahre Maß unseres Fortschritts.

Übung

Achtsamkeit beim Essen

Wir hören von einer Idee, die so klingt, als enthielte sie einige Wahrheit. Wir betrachten sie, denken wieder und wieder über sie nach und sehen, ob sie mit unserer Erfahrung übereinstimmt. Wir kommen zu einem Punkt des Verstehens und sammeln uns. Wir lassen das Ganze zu mehr als einem Gedanken werden, bis wir eine Erfahrung von Wahrheit machen.

Sie können z. B. Ihre nächste Mahlzeit auf diese Weise betrachten. Sie haben bereits von dem Gedanken gehört, dass Sie eventuell sehr viel abhängiger von anderen sind, als Sie jemals gedacht haben. Wenn Sie die Wahrheit dieses Gedankens begreifen, dann sind Sie vielleicht in der Lage, Ihre Sichtweise zu einer weniger egozentrischen auszuweiten.

Wenn Sie sich klar machen, woher Ihre Nahrungsmittel kommen und – jenseits von Ackerbau und Wirtschaft – darüber nachdenken, was das für Ihren Platz in dieser Welt bedeutet, dann mag das helfen, Ihren Geist für eine weitere Schau der Wahrheit zu öffnen. Sie beginnen zu erkennen, dass wir alle etwas gemeinsam haben und voneinander abhängig sind. Sie bemerken vielleicht auch, dass Ihre Wertschätzung dessen, was Sie tatsächlich haben, größer geworden ist.

Während ich am Esstisch sitze, bedenke ich, wie viele Menschen dazu beigetragen haben, mir den Teller zu füllen. Ich habe gerade ein Mittagessen aus geräuchertem Lachs, Ziegenkäse, Kapern und Brot beendet. Denken Sie allein schon an all die Bestandteile im Brot:

- *Ich baue keinen Weizen an.*
- *Ich ernte kein Salz.*
- *Ich stelle keine Butter her.*
- *Ich kultiviere keine Hefe.*
- *Ich habe nicht das Holz zum Heizen des Backofens geliefert.*

All dies wird von anderen zu meiner Mahlzeit beigetragen. Sie haben gearbeitet, um die Zutaten anzubauen, zu ernten, zu raffinieren und anzuliefern, die ich selbst nur unter größten Mühen zusammenholen könnte.

Ich weiß noch nicht einmal, was eine Kaper ist, geschweige denn, wie ich eine auftreiben könnte. Und doch war ich dank der Anstrengungen vieler anderer in der Lage, meine Arbeit zu unterbrechen und mir innerhalb weniger Minuten ein einfaches, aber schmackhaftes Mittagessen zuzubereiten.

Wenn Sie dies im Gedächtnis behalten, werden Sie das nächste Mal, da Sie sich zum Essen hinsetzen, vielleicht ein wenig mehr Achtsamkeit üben können. Wer weiß, vielleicht lernen Sie ja einen neuen Geschmack kennen?

In unserem gegenwärtigen Zustand wird unsere Aufmerksamkeit leicht von dem Trubel *äußerer* Aktivität und dem Wirbeln *innerer* Gedanken abgelenkt. Wir müssen ein geschmeidiges *Gewahrsein* entwickeln, das die Wirklichkeit von einem Standpunkt der *Stille* her betrachtet.

Ich vergesse mich selbst immer wieder. Ich möchte mich daran erinnern, dass ich hier bin. Ich möchte gegenwärtig bleiben, aber trotz meiner Absicht werde ich von jeder kleinen Brise der Ablenkung davongetragen. Was ist das, woran ich mich erinnern will? Ich will mir meiner Situation bewusst sein. Ich will sie nicht beurteilen oder sie kommentieren beziehungsweise kritisieren. Ich will einfach nur beobachten, wie ich in diesem Augenblick bin. Ich versuche nicht, irgendetwas zu verändern. Ich versuche nur, mich selbst zu beobachten. Was nimmt meine Aufmerksamkeit gefangen? Wie ist mein Zustand? Wo sind meine Spannungen? Ich kann mich so sehr in die anstehende Aufgabe vertiefen, dass die Zeit wie im Flug vergeht. Natürlich muss ich meine Aufmerksamkeit meiner Arbeit zuwenden. Aber ich muss auch einen Teil davon für mich selbst übrig behalten. Dennoch werde ich immer wieder ganz und gar von der Arbeit eingenommen.

Ich nehme während des Sommers einmal in der Woche an einer Segelregatta teil. Die Rennen finden kurz vor Sonnenuntergang im Hafen von New York statt. Oft ist die Skyline dann in ein goldenes Licht getaucht, sodass die Stadt wie ein Ort ohne Sorgen wirkt. Ihre Geräusche werden verdrängt vom Sausen des Windes und dem Klatschen, mit dem das Boot durch das Wasser gleitet. Der frische Geruch von salziger Gischt liegt in der Luft, und ich spüre voller Begeisterung, wie das Boot über die Wellen reitet. Bei diesen Rennen herrscht ein harter Wettbewerb, und gut zu segeln verlangt viel Aufmerksamkeit. Ich versuche nun schon seit Jahren, voll und ganz beim Rennen zu sein und mich dennoch an den Ausblicken und Geräuschen im Sonnenuntergang zu freuen. Aber ich könnte die Gelegenheiten, bei denen mir das gelungen ist, an den Fingern einer Hand abzählen.

Ich scheine zwar in das vertieft zu sein, was ich tue, aber trotzdem ist meiner Tätigkeit selten meine ganze Aufmerksamkeit gewidmet. Es ist eine Frage der Balance. Vielleicht gewinne ich das Rennen, aber dann verpasse ich den Sonnenuntergang. Und genauso geht es mir mit den meisten anderen Aufgaben, da mir nur selten meine volle Aufmerksamkeit zur Verfügung steht. Wie viele Male habe ich schon einen Nagel eingeschlagen und mich dabei gefragt, was es wohl zum Mittagessen gibt? Wie viele Mahlzeiten habe ich gegessen, aber kaum etwas geschmeckt, weil meine Gedanken bei notwendigen Reparaturen waren?

Da ich weiß, wie schwer es ist, sich daran zu erinnern, konzentriert zu bleiben, muss ich etwas unternehmen, damit ich mich an meine Absicht erinnere. Ich brauche ein «Warnsignal», welches mich verlässlich an das erinnert, was ich zu erreichen suche. Also nehme ich etwas außerhalb meiner selbst, das mich zurückruft, wenn ich vergessen habe. Ich könnte mir Dinge sagen wie:

- Jedes Mal, wenn ich einen Kurswechsel ausrufe, werde ich bewusst die Ansichten und Geräusche des Hafens in mich aufnehmen.

- Jedes Mal, wenn ich einen Hammer nehme, werde ich sein Gewicht in meiner Hand spüren.
- Jedes Mal, wenn ich durch eine Tür gehe, werde ich mich daran erinnern, meine Füße auf dem Boden zu spüren.
- Jedes Mal, wenn ich die Gabel zum Mund führe, werde ich daran denken, wo das Essen herkommt.

Dann kann ich mich am Ende des Tages selbst prüfen, wie oft ich mich erinnert habe – nicht um mir Vorwürfe zu machen, sondern einfach der Beobachtung halber. Für den Moment ist das genug.

Ich versuche, Aufmerksamkeit zu entwickeln. Ich suche nach der Quelle meiner Ablenkungen. Ich möchte meine Aufmerksamkeit in Hinsicht auf diese Quelle schulen, und zwar immer, wenn sie mir bewusst wird. Ich versuche nicht, irgendetwas zu verändern. Das würde mich nur daran hindern, das zu sehen, was ich sehen sollte. Was lenkt mich von mir selbst ab? Welches sind die Gedanken, die mich davontragen? Wenn ich das herausfinde, bekomme ich langsam ein Bild von der Identität, die ich mir selbst aufgebaut habe. Es ist eine Identität, die durch zahllose Zuneigungen und Abneigungen definiert ist. Ich bin so sehr von ihnen eingenommen, dass ich sie selten wirklich wahrnehme. Ich reagiere dermaßen schnell und zwanghaft, dass ich mir ihres Auftretens kaum bewusst werde.

Ich gehe eine Straße in der Stadt entlang. Mein Blick bleibt an einer Schaufensterauslage mit Hightech-Zubehör hängen. Ich wende den Kopf, um es zu betrachten, sodass ich nicht mehr sehe, was direkt vor mir ist. Im Ladeneingang hängen ein paar üble Typen herum, sodass ich eine steinerne Miene aufsetze, um mir Ärger vom Hals zu halten. Eine attraktive Frau kommt mir entgehen, also richte ich mich auf und strecke die Brust raus. Jemand läuft mir vor die Füße, ohne sich umzusehen, und schon steht mir die Verärgerung ins Gesicht geschrieben. Ich tappe mit dem Fuß voller Ungeduld auf den Bordstein, während ich darauf warte, dass die Fußgängerampel auf Grün umspringt. Ausgerechnet in dem Moment, in dem ich bezahlen will, geht der Kassiererin das Wechselgeld aus. Warum muss gerade *ich*, der ich doch so viele dringende Aufgaben zu erledigen habe, hier mit dem ganzen Mob so lange warten? Eine Limousine mit Chauffeur gleitet vorbei, und ich versuche einen Blick auf die Insassen zu erhaschen. Dabei frage ich mich, wie sie wohl zu so viel Geld gekommen sind, dass sie sich einen solchen Luxus leisten können. So geht das immer weiter auf meinem Weg durch die Stadt, bis ich mich daran erinnere, warum ich hier bin.

Kann ich Zeuge meiner Reaktionen sein, schon während sie ablaufen? Kann ich ein Gespür für das entwickeln, was hinter jeder Ablenkung liegt? Muss ich mich davon mitreißen lassen, oder kann ich dieses Getümmel von einem Ort der Stille aus beobachten?

Übung

Das Getümmel beobachten

Den ganzen Tag lang sind wir mit zahllosen Dingen beschäftigt. Jedes von ihnen ist eine Gelegenheit zur Übung von Achtsamkeit – wenn wir uns an unsere eigentliche Absicht erinnern. So wie wir zurzeit beschaffen sind, ist es sehr wahrscheinlich, dass wir uns in unsere täglichen Gewohnheiten verstricken und sie dabei ver-

gessen. Wenn wir einen Weg finden, uns zu erinnern, können wir diese alltäglichen Abläufe dazu benutzen, uns selbst tiefergehend zu erforschen.

Wenn Sie an Ihr Tagwerk gehen, versuchen Sie vorauszuschauen auf die Dinge, die Sie im Laufe des Tages tun werden:

- *Einen Telefonanruf entgegennehmen.*
- *In der Schlange vor dem Bus stehen.*
- *Zu Fuß zur Arbeit gehen.*
- *Die Tür öffnen und schließen.*
- *An Ihrem Schreibtisch Platz nehmen.*
- *Zum Mittagessen gehen.*

Sie können eine dieser Aktivitäten auswählen, die Ihnen als Erinnerung dienen soll. Sie können sich zum Beispiel sagen, dass Sie sich jedes Mal, wenn das Telefon klingelt, zuerst einmal Ihren momentanen Zustand bewusst machen.

- *Wo war ich gerade, als das Telefon zu klingeln begann?*
- *War ich meiner selbst gewahr, oder war ich kilometerweit weg?*
- *Wie sitze ich da? Bin ich entspannt oder aufgrund unbewusster Spannungen verkrampft?*
- *Wie reagiere ich auf das Klingeln des Telefons?*
- *Warte ich schon auf den Anruf, oder würde ich ihn lieber umgehen?*
- *Bin ich ärgerlich über die Störung, oder freue ich mich über die Ablenkung?*

Versuchen Sie zu sehen, wie jede dieser Reaktionen durch Verlangen oder Abneigung gefärbt ist. Versuchen Sie ein Gefühl dafür zu bekommen, wie viel von Ihrer Selbstwahrnehmung aus diesen subtilen Zuneigungen und Abneigungen besteht. Versuchen Sie, einen Blick auf den Dieb zu erhaschen.

Achtsamkeit hilft, die Kraft Ihrer Aufmerksamkeit zu *festigen*, zu *stabilisieren* und zu *stärken*, sodass Sie weniger leicht abgelenkt werden.

Wenn ich Gelegenheit dazu habe, gehe ich gern durch den asiatischen Flügel des Metropolitan Museum of Art in New York. In dieser Abteilung gibt es viele Buddha-Statuen. Die Bildnisse dieser erleuchteten Wesen stammen aus verschiedenen Gegenden Asiens und aus unterschiedlichen Epochen. Aber in jedem dieser Bildnisse finde ich, ganz unabhängig von ihrer Herkunft, das gleiche Phänomen. Ich nenne es den *inneren Schwerpunkt*. Wenn ich mir diese Statuen ansehe, ist es mir unmöglich, mir vorzustellen, sie könnten durch irgendetwas ins Wanken gebracht werden. Sie erscheinen vollkommen ruhig, und doch wirken sie völlig wach. Sie scheinen ohne Furcht und ohne Erschrecken. Ich kann mir vorstellen, dass nichts auf der Welt sie zu verwirren vermag.

Was ich sehe, ist Stille. Diese Statuen sagen mir etwas über eine Möglichkeit, die ich in mir selbst trage – die Möglichkeit der Stille. In meinem momentanen Zustand werde ich sehr leicht von äußeren Ablenkungen und inneren Gedanken ins Wanken gebracht. Das eine oder das andere kann meine ganze Aufmerksamkeit gefangen nehmen. Mir fehlt ein innerer Schwerpunkt. Und doch kündigen diese sitzenden Buddhas von der Möglichkeit, ein solches Zentrum zu entwickeln. Sie bleiben aufmerksam und werden doch nicht von äußeren und inneren Ablenkungen hin und her gerissen.

Die Kräfte, die uns mal hierhin, mal dorthin ziehen, sind immer dieselben alten Schwindler – Angst, Gier und Abneigung. Sie halten das Ego weiterhin aufrecht, indem sie unsere Aufmerksamkeit stehlen. Solange wir diesen Ablenkungen zum Opfer fallen, sind wir nicht fähig, genügend Aufmerksamkeit zu sammeln, um die Dinge in eine für uns heilsame Richtung lenken zu können.

Die Statuen der Erleuchteten im Museum verkörpern Wesen, die sich von diesen räuberischen Ablenkungen befreit haben. Ihre Energie wird nicht länger von einer Aufmerksamkeit aufgezehrt, die unablässig mal hierhin, mal dorthin schwirrt. Ihre Sammlung hat vielmehr einen Punkt erreicht, an dem sie selbst zu entscheiden vermögen, worauf sie ihre Aufmerksamkeit lenken wollen. Als Folge davon ist die Spannweite ihres Gewahrseins unendlich groß geworden.

Schwerkraft ansammeln

Viele Kulturen Asiens betonen sehr stark die Rolle des Gurus. *Guru* ist ein Sanskrit-Wort, das auch «schwer» bedeuten kann. Im Falle des spirituellen Lehrers bedeutet es «schwer oder reich an Qualitäten». Ich stelle mir diese Qualitäten als eine Art Schwerkraft vor. Es sind die positiven Eigenschaften, die diese Menschen durch ihre eigenen Anstrengungen entwickelt haben. Diese positiven Eigenschaften haben schließlich die negativen überwogen. Diese Menschen haben einen inneren Schwerpunkt entwickelt, der dazu führt, dass sie nicht ins Wanken gebracht werden.

Wir besitzen dasselbe Potenzial. Darum geht es in der Schulung – es möglich zu machen, dass die positive Seite die Oberhand gewinnt. Wir können dem Sog der Negativität begegnen, indem wir uns dem inneren Schwerpunkt annähern, den diese sitzenden Gestalten repräsentieren. Um dies zu erreichen, müssen wir die Quelle der Ablenkungen erkennen, sowohl der inneren als auch der äußeren. Wir müssen immer und immer wieder erfahren, wie wir uns von diesen Ablenkungen überrumpeln lassen. Jedes Mal, wenn wir sehen, dass wir überrumpelt worden sind, gibt es einen Moment, in dem wir uns entscheiden können, zu uns selbst zurückzukehren.

Dieses Sichabwenden von uns selbst geschieht, ohne dass es uns bewusst wird. Wir werden von unserem Verlangen zu etwas hingezogen oder von unseren Ängsten von etwas abgestoßen. Wenn wir beginnen, uns selbst zu beobachten, dann reagieren wir oft negativ, wenn wir feststellen, dass wir uns wieder einmal haben ablenken lassen. Aber solche Reaktionen sind nichts anderes als eine weitere Form der Ablenkung.

Wenn ich mich selbst betrachte, muss ich flexibler werden. Ich muss mir selbst mehr Geduld und Großzügigkeit entgegenbringen. Ich muss mir darüber klar werden, dass ich jedes Mal, wenn ich bemerke, dass ich zerstreut bin, und mich in diesem kurzen Augenblick entschließe, zu mir selbst zurückzukehren, eine Investition von Aufmerksamkeit gemacht habe.

Stück für Stück werden sich diese Einzahlungen ansammeln. Es ist so, als gäbe man jeden Tag einen Tropfen Wasser in einen Eimer. Zuerst scheint das gar nichts zu bringen, aber wenn wir geduldig weitermachen, wird der Eimer sich füllen. Wir sollten uns davor hüten, uns unmögliche Ziele zu setzen, die nur dazu führen, dass wir scheitern und entmutigt werden. Wir können stattdessen kleine, aber dafür kontinuierliche Schritte machen, die mit der Zeit zu sichtbaren Erfolgen führen werden.

Die Bienen bringen den Nektar von den Blüten auch nur tropfenweise ein. Sie geben den Tropfen in eine Zelle der Honigwabe. Dann stehen sie darüber und befächeln den Nektar mit ihren Flügeln, damit das Wasser verdunstet. So verschwinden neunzig Prozent des Tropfens, und nur die Essenz bleibt zurück. Dies tun die Bienen mit jeder einzelnen Zelle der Wabe wieder und wieder. Tropfen für Tropfen. Flug für Flug. Hunderttausende von Tropfen. Millionen von Flügen, bis sie den Bienenstock langsam, aber sicher mit goldenem Honig angefüllt haben.

Die 84000 Verblendungen

Wir sollten keine Bemühung bereuen, die in die positive Richtung geht, wie klein sie auch sein mag. Die Kräfte der Negativität, denen wir unterworfen sind, sind allgegenwärtig. Der Buddha hat sie als die 84000 Verblendungen bezeichnet. Wir können nicht erwarten, sie über Nacht zu bezwingen. Aber im Laufe der Zeit können wir sie besiegen. Jede Einzahlung von Aufmerksamkeit geht auf das Konto des Bewusstseins. Durch diese Einzahlung wenden wir uns langsam, aber sicher von der Flut der negativen Einflüsse ab. Das ist es, was die Stille dieser sitzenden Buddhastatuen uns mitteilt.

Übung

Die Stille aufsuchen

Versuchen Sie jeden Tag mit einem Moment der Stille zu beginnen und zu beenden.

Wenn Sie sich einen Augenblick Zeit nehmen, um sich selbst ins Gleichgewicht zu bringen, bevor der Trubel des Tages beginnt, kann das wie ein Anker wirken, der Sie daran erinnert, dass selbst in diesem Trubel eine Stille vorhanden ist.

Bevor Sie am Ende des Tages das Licht löschen, suchen Sie nochmals diese Stille auf, die stets da war, selbst als Sie mitten in der Hektik des Alltags steckten.

Während des Tages gibt es immer wieder Gelegenheiten, mit dieser Stille in Kontakt zu kommen, und sei es nur für einen Augenblick. Achten Sie auf diese Momente, wenn es Ihnen möglich ist, und nehmen Sie sich einen Augenblick für sich selbst. Sie brauchen das nicht ostentativ und in einer bestimmten Pose zu tun; Sie müssen einfach nur anerkennen, dass diese Stille gegenwärtig ist. Sie ist immer gegenwärtig.

Um die *Wahrheit* sehen zu können, müssen wir uns selbst mit *Mitgefühl* betrachten.

Die sitzenden Buddhas aus dem Museum sprechen von der Stille. Sie werden nicht länger von der Kraft der negativen Emotionen umgetrieben. Aber es geht um mehr. Ich fühle mich ganz besonders zu einer bestimmten Statue hingezogen. Sie steht in der asiatischen Abteilung des Metropolitan Museum of Art. Es ist die überlebensgroße Statue eines sitzenden Lohan aus dem China des 14. Jahrhunderts. Diese Gestalt besitzt einen strengen, durchdringenden Blick, der direkt auf den Betrachter gerichtet zu sein scheint. Wenn ich vor dieser Statue stehe, fühle ich mich erleuchtet. Ich will damit nicht sagen, dass ich mich dann ganz besonders klug fühle. Ich meine vielmehr, dass diese Figur einen Blick hat, der jeden Schatten durchdringt: Nichts bleibt verborgen.

Wir alle kennen die Redewendung: «Er durchschaut mich völlig.» Wenn ich etwas zu verbergen habe, erscheint das bedrohlich. Aber wenn dieser Blick mit Mitgefühl einhergeht, dann bekommen wir eine leise Ahnung davon, was bedingungslose Liebe sein könnte.

Es ist diese Art von Blick, die alle guten Eigenschaften sieht und auch sämtliche Fehler – und die das alles annimmt, ohne zu urteilen. Wir müssen diese Art von Blick auf uns selbst entwickeln. Wir brauchen diesen Blick, damit wir die Täuschungen des Ego und seine Abhängigkeit von den negativen Emotionen Gier, Zorn, Stolz und Neid durchschauen können. Wir müssen uns selbst mit Mitgefühl ansehen, so wie wir sind, ohne urteilend zu reagieren. Wir müssen uns mit dieser Art von Blick, die wir bei jener Figur im Museum finden, selbst durchschauen. Diesen Blick möchte ich den Blick des leidenschaftslosen Mitgefühls nennen.

Um die Wahrheit über uns selbst erkennen zu können, müssen wir ohne Vorbedingungen hinschauen. Im Allgemeinen stellen wir Bedingungen für die Akzeptanz von anderen auf, und seien sie auch noch so subtil. Wir stellen auch für uns selbst Bedingungen. Und dann beurteilen wir uns selbst im Hinblick auf diese Bedingungen.

Wenn ich es schaffe, dieses Kapitel vor dem Zubettgehen fertig zu stellen, dann werde ich das Gefühl haben, heute etwas geleistet zu haben. Aber wenn ich es nicht schaffe, dann habe ich einen weiteren Abend verplempert. Was sagt das über mich und meine Fähigkeiten aus? Warum kann ich nicht produktiver sein? In welcher Hinsicht lasse ich wohl sonst noch zu wünschen übrig?

Mit dieser Art des Denkens mache ich die Wertschätzung meiner selbst von meiner Arbeitsleistung abhängig. Wenn ich die selbst gestellten Bedingungen nicht erfülle, neige ich dazu, mich zu verurteilen. Ist das wirklich sinnvoll? Welchem Zweck dienen solche Bedingungen in Wirklichkeit?

Der getrübte Blick

Mir scheint, dass diese Bedingungen nur dazu dienen, die Machenschaften des Ego zu unterstützen. Natürlich muss ich meinen Lebensunterhalt verdienen, das ist wahr. Würde ich einen Teller zum Betteln vor mich hinstellen, dann müsste ich wohl lange warten, bis die Leute kämen und ihn gefüllt hätten. Aber was hat das Verdienen meines Lebensunterhalts tat-

sächlich mit *mir* zu tun? Es ist etwas, das ich tun muss, aber es ist sicher nicht das, was ich *bin*. Und doch sind es genau diese Bedingungen, mit denen ich weiterhin meine Identität definiere und aufrechterhalte. Dieses mache ich gut, jenes mache ich schlecht. Hier bin ich etwas schuldig geblieben. Dort habe ich es gerade noch geschafft. Aber jedes dieser Urteile geht am Eigentlichen vorbei. Sie helfen nicht, meine Sichtweise zu erweitern. Ganz im Gegenteil. Mit jedem neuen Urteil füge ich einen weiteren Stein in die Mauer ein, die mir die Sicht auf das verstellt, was ich eigentlich sehen müsste. Ich brauche einen unverstellten Blick auf meine wahre Natur.
Buddha hat eine solche Sicht des Ego gewonnen und hat sie klar zum Ausdruck gebracht:

Ich habe dich, Erbauer des Hauses, durchschaut.
Ich habe deine Wände und Streben eingerissen.
Ich bin dem Haus entronnen.
Endlich bin ich frei.

Vielleicht finde ich einen Lücke in den Wänden, die mich gefangen halten, sodass ich über mein kleinliches Eigeninteresse hinausschauen und eine erweiterte Perspektive gewinnen kann.

Übung

Meine Abhängigkeit anerkennen

Sagen wir einmal, dass es unser Ziel ist, unsere Perspektive zu erweitern. Wir wollen unser Herz weiter öffnen und in Kontakt mit unserer eigenen Ganzheit kommen. Vielleicht haben Sie das Gefühl, dass Sie jetzt nur eine eingeengte Sicht von sich selbst haben. Vielleicht wird Ihre Sicht davon beschränkt, dass Sie, wie wir alle, einfach nicht von dem Festhalten an Ihrer eigenen Identität ablassen können. Wohin wir uns auch wenden, scheint diese Identität von diesen lästigen Erinnerungen verstärkt zu werden: Erinnerungen nicht daran, dass «ich bin», sondern dass ich «dies» oder «jenes» bin. Wir benutzen das, was wir tun, um zu definieren, wer wir sind.

Wir erkennen nicht wirklich an, wie sehr wir von der Güte anderer abhängig sind. Und aus diesem Grund ist unser Herz verschlossen. Wir handeln nicht mit Güte und Fürsorge, weil wir uns der Güte und Fürsorge anderer, in deren Genuss wir unser Leben lang gekommen sind, nicht bewusst sind. Wir müssen unsere Situation genauer betrachten:

Ich denke daran, wie es war, als ich noch ein Säugling war. Ich war völlig hilflos. Ich konnte mir nicht den kleinsten Bissen Nahrung zukommen lassen. Ich konnte nicht laufen und nicht für mich selbst sprechen. Ich war total abhängig. Wie hätte ich ohne die Güte und Fürsorge all der Menschen überleben können, die die Verantwortung für mich übernommen haben, solange ich diese Verantwortung noch nicht selbst tragen konnte? Diese Menschen haben mich gefüttert und gekleidet und haben mich unterrichtet, als ich all diese Dinge noch nicht selbst tun konnte. Zu jener Zeit konnte ich ihnen all diese Dinge in keiner Weise entgelten, und doch haben sie all das für mich getan. Ich halte mir das vor Augen und sehe, dass dies die Wahrheit ist.

Früher oder später tauchen Gefühle auf:

- *Ich bin dankbar für alle Fürsorge, die mir entgegengebracht wurde.*
- *Ich habe gesehen, wie meine Situation in Wahrheit ist.*
- *Ich habe eine Verbindung zu etwas hergestellt, das über meine engstirnige Sicht meiner selbst und meiner Bedürfnisse hinausgeht.*
- *Ich bin stärker in Kontakt mit meinem Herzen.*

Halten Sie dieses Gefühl fest und versuchen Sie, es wirklich zu erfahren. Vielleicht beginnen Sie den Wunsch zu verspüren, anderen ihre Freundlichkeit und Güte zu entgelten. Vielleicht sehen Sie die alte Binsenweisheit «Es ist besser zu geben, als zu nehmen» jetzt in einem anderen Licht. Vielleicht haben Sie das Bedürfnis, mit mehr Bewusstheit, mit mehr Sorgfalt und Fürsorge zu handeln. Sie haben eine kleine Lücke in der Wand gefunden, die Sie gewöhnlich umschließt. Für einen Augenblick sind Sie mit einer umfassenderen Sichtweise in Berührung gekommen, haben über die Grenzen des Hausbauers hinausgeschaut.

Wie jede echte Errungenschaft verlangt auch die Entwicklung von Achtsamkeit *Bemühen* und regelmäßige *Übung*.

Man könnte sagen, dass die spirituelle Praxis eine Wissenschaft ist. Ich meine das in dem Sinne, dass Wissenschaft eine Suche nach Wahrheit ist. Die spirituelle Praxis ist es auch. Während die Wissenschaft bei ihrer Suche den Blick auf die äußere Welt gerichtet hat, haben die Menschen, die sich spirituell geschult haben, seit Tausenden von Jahren ihre Aufmerksamkeit nach innen gewendet. Aber die innere Praxis wird, genau wie die moderne Wissenschaft auch, durch Experiment und Beobachtung vorangetrieben. Am Ende müssen beide zum selben Punkt gelangen: zur Wahrheit.

In der Naturwissenschaft stellt ein Forscher zuerst eine Theorie über die Natur des Universums auf. Dann führt er Experimente durch, um diese Theorie zu bestätigen oder zu widerlegen. Wenn die Experimente von anderen Wissenschaftlern reproduziert werden können und diese unter Anwendung derselben Methoden zu denselben Ergebnissen gelangen, dann wird die Theorie als wahr anerkannt.

Wie die Naturwissenschaft wird auch die spirituelle Praxis durch eine Reihe von Experimenten vorangetrieben. Große Weise, die uns vorangegangen sind, haben Theorien über die Natur des Daseins aufgestellt. Sie haben Experimente durchgeführt, die sie auf den Pfad der Erleuchtung geführt haben. Ihre Erklärungen wurden gesammelt und über die Jahrhunderte anderen zugänglich gemacht – genau so, wie Naturwissenschaftler heute ihre Forschungsergebnisse publizieren. Im

Falle des Buddhismus werden die wissenschaftlichen Werke *Dharma* genannt. Diese Werke machen uns eine Theorie und eine Praxis zugänglich, die zur Erleuchtung führen.
Buddha selbst zögerte nicht, bei seiner Suche nach Wahrheit zu experimentieren. Und er zögerte auch nicht, seinen Kurs zu ändern, wenn seine Experimente zeigten, dass er sich auf dem Holzweg befand.

Die Suche nach Wahrheit

Nachdem er seinen Palast verlassen hatte, wanderte Prinz Siddhārtha, der künftige Shākyamuni Buddha, gemeinsam mit fünf Weggefährten durch Indien, um nach Lehren über die Wahrheit zu suchen. Ihre Suche führte sie auf den Pfad der extremen Askese. Sechs Jahre lang fastete Shākyamuni und machte Atemübungen, bis sein Körper völlig ausgemergelt war und seine Kräfte dahinschwanden. Seine Gefährten begannen sich ob seines Zustandes Sorgen um ihn zu machen. Aber Shākyamuni machte immer weiter, bis seine Kräfte und seine Vitalität beinahe gänzlich verschwunden waren. An diesem Punkt hatte er eine Vision des Gottes Indra, der ein dreisaitiges Instrument spielen wollte. Die erste Saite war zu locker gespannt und konnte deshalb keinen Ton hervorbringen. Die dritte Saite war zu straff gespannt und riss, sobald sie angeschlagen wurde. Nur die genau richtig gespannte mittlere Saite konnte den erwünschten Ton hervorbringen. Da wurde Shākyamuni klar, dass er die Übung der Askese aufgeben und einen gemäßigteren Ansatz finden musste, wenn er die Erleuchtung erlangen wollte.
Wenn wir diesem «mittleren Weg» folgen wollen, dann besteht unsere Arbeit darin, die Wahrheit dieser spirituellen Leh-

ren langsam und geduldig für uns selbst zu bestätigen. Wir führen dieselben Experimente durch und folgen demselben Pfad, den vor uns schon viele andere beschritten haben, um herauszufinden, ob wir zu denselben Ergebnissen gelangen können.
Die Erleuchteten, die uns vorangegangen sind, waren Menschen wie wir selbst. Wäre dem nicht so, dann wäre es zwecklos, diese Versuche zu wagen. Es würde uns schwer fallen, die Eigenschaften von Eisen zu bestimmen, wenn wir unsere Experimente mit einem Stück Zinn durchführten. Aber Buddha war ein Mensch, wie wir es sind, mit denselben Möglichkeiten. Er hinterließ uns Berichte über seine Methode, genauso wie es andere große Lehrmeister der Vergangenheit getan haben. Wenn die Methode gültig ist und wir ihr mit derselben Bemühung folgen, dann sollten wir zu demselben Ergebnis gelangen. Aber wir müssen uns dieser Aufgabe wirklich ernsthaft widmen. Nur darüber zu lesen wird nicht zu Ergebnissen führen.

Sich der Übung widmen

Die Naturwissenschaft basiert auf der Entdeckung von Gesetzen. Diese Gesetze sind die Gesetze der Natur, und sie regieren die materielle Welt. Mit der spirituellen Praxis ist es nicht anders. Auch sie wird von Gesetzen regiert. Eines dieser Grundgesetze lautet, dass von nichts nichts kommt. Ein anderes Grundgesetz, dass niemand außer uns selbst es für uns tun kann. Mit anderen Worten: Man muss schon ein Los kaufen, um im Lotto gewinnen zu können. Lediglich über Achtsamkeit zu lesen, das ist, als läsen wir über das Lottospielen – unsere Gewinnchancen wären nicht gerade hoch. Das bedeutet: Wir müssen uns Mühe geben.

Das ist Selbst-Verwirklichung im wahren Sinn des Wortes. Wir müssen es selbst angehen, mit unserer eigenen Anstrengung. Wir können es nicht kaufen, und niemand kann es uns aushändigen. Wenn die erleuchteten Wesen – die gelobt haben, alle fühlenden Wesen zu retten – Sie retten könnten, indem sie Ihnen die Erleuchtung aushändigten, dann hätten sie das schon längst getan. Aber sie können es nicht. Das Beste, was sie vermögen, ist, Ihnen den Weg zu weisen. Aber Sie müssen den Pfad selbst beschreiten.

Die Bedeutung regelmäßigen Bemühens

Wir sprechen nicht umsonst von Übung. Wenn Sie eine Fertigkeit erlernen wollen – etwa Geige zu spielen oder ein Ass zu schlagen –, dann müssen Sie üben. Das heißt, dass Sie Ihre Fähigkeiten täglich durch ständige Wiederholung vervollkommnen. Sie müssen herausfinden, was funktioniert und was nicht funktioniert, und Sie müssen das ausbauen, was funktioniert, und das weglassen, was nicht funktioniert. Sie würden sich umschauen, auf welche Weise andere erfolgreich waren. Sie würden sich einen Trainer oder Lehrer oder Führer suchen, der Ihnen helfen kann, Ihre Fertigkeit zu entwickeln. Ihr Lehrer würde Sie sicher ermahnen, fleißig zu üben, nicht aus irgendwelchen egoistischen Motiven, sondern weil er oder sie genau weiß, dass Sie nur so Fortschritte machen können.

Ich habe einmal ein Interview mit dem Jazz-Saxophonisten Sonny Rollins gehört. Er erzählte, dass er jeden Tag mehrere Stunden übe. Der Interviewer fragte ihn, warum er, der sein Instrument so hervorragend beherrsche, immer noch das Bedürfnis habe zu üben. Rollins berichtete, er habe einmal meh-

rere Monate damit aufgehört. Er habe damals einen Punkt erreicht gehabt, wo er das Gefühl gehabt habe, es sei vielleicht nicht mehr hilfreich. So hörte er ganz auf zu spielen.
Schließlich hatte er genug von seinem Experiment. Er nahm sein Instrument und begann wieder zu spielen. Das erste Problem war, dass seine Lippe zu bluten begann. Sie war während der Übungspause weich geworden und verkraftete die Belastung, die ein Musiker seines Kalibers ihr abverlangte, nicht mehr. Er musste sich wieder geduldig seine frühere Verfassung erarbeiten. Nachdem er diese Geschichte erzählt hatte, sagte er, was der wahre Grund für sein ständiges Üben sei. Er tat es, um zu experimentieren, um das auszuprobieren, was er hinzugelernt hatte, um es sich ganz zu Eigen zu machen. Wenn er dann auf der Bühne stand, konnte er das, was er musikalisch zum Ausdruck bringen wollte, ohne Befangenheit und Anstrengung ganz spontan spielen. Er formulierte es folgendermaßen: Er übe, damit er selbst «aus dem Weg geräumt» sei und die Musik sich selbst spielen könne.
Es gibt also gute Argumente für regelmäßiges Üben. Etwas Übung ist besser als gar keine Übung, denn von nichts kommt nichts. Regelmäßiges tägliches Üben ist besser, als nur einmal wöchentlich zu üben oder nur dann, wenn einem gerade danach ist. Aber Sie sollten sich auch davor hüten, etwas erzwingen zu wollen und zu viel des Guten zu tun. Es ist im Allgemeinen produktiver, wenn Sie aufhören, bevor Sie den Punkt der Überdrüssigkeit erreicht haben. Sonst könnte sich daraus ein Widerwille gegen die Praxis generell entwickeln.
Nach meiner Erfahrung ist es bei der Arbeit mit einem Pferd nicht anders. Wenn es mir gelang, das Training in dem Moment zu beenden, wo das Pferd begann, sein Interesse zu verlieren, dann war es beim nächsten Mal eher bereit, das Training wieder aufzunehmen. Wenn ich das Pferd an einem

Tag trainierte, die Zügel dann aber für zwei Wochen schleifen ließ, dann gab es kaum Fortschritte. Unser Geist benimmt sich nicht anders als ein störrisches Pferd. Wir brauchen regelmäßiges, geduldiges und durchdachtes Training – die Art von Training, die sich aus regelmäßiger Übung ergibt.

Fortschritte machen

Im Zen wird eine Meditationsklausur *Sesshin* (Sammlung des Geistes) genannt. Ein Sesshin dauert normalerweise eine Woche lang. Der Tag beginnt um 4.15 Uhr mit dem Klang der Weckglocke. Nach einem kurzen, lebhaften Spaziergang lassen sich die Teilnehmer zur Übung des *Zazen*, der «sitzenden Meditation», auf ihrem Meditationskissen nieder. Alle 45 Minuten wird das Sitzen für zehn Minuten der Gehmeditation, die *Kinhin* genannt wird, unterbrochen. So geht es mit kurzen Pausen für das Essen und eine Arbeitsperiode, in der sauber gemacht und aufgeräumt wird, bis 21.30 Uhr am Abend weiter. Während der ganzen Zeit herrscht Schweigen, und die Teilnehmer haben keinen Augenkontakt. Nach einiger Zeit des Übens beginnen die Knie sich bemerkbar zu machen.

Einmal am Tag gibt der Zen-Meister oder *Rōshi* eine so genannte Dharma-Darlegung. In einer dieser Darlegungen, an die ich mich besonders gut erinnere, ging es um die Art und Weise, auf die wir Fortschritte erzielen. An einem gewissen Punkt in der Woche standen den meisten Teilnehmern wohl die Knieschmerzen ins Gesicht geschrieben. Als der Rōshi uns ansah, fühlte er sich bemüßigt, uns die Worte seines eigenen inzwischen verstorbenen Zen-Meisters, der sein Leben lang Zazen praktiziert hatte, weiterzugeben. «Während der ersten zehn Jahre ist es ein Kampf», hatte er gesagt. «Während der nächsten zehn Jahre wird es zur Gewohnheit. In den folgenden zehn Jahren ist es unentbehrlich geworden.»

Übung

Schulung des Geistes

Sie schulen Ihren Geist. Um das tun zu können, wäre es angebracht, wenn Sie sich mit der Sache, die geschult werden soll, vertraut machen würden. Das bedeutet, Sie müssen Ihren Geist kennen lernen. Anfangs ist der beste Weg, um das zu erreichen, einfach Ihren Geist zu beobachten. Die beste Gelegenheit dazu bietet sich, wenn Sie inmitten Ihrer alltäglichen Aktivitäten gelegentlich innehalten und für einige Momente still werden. Die körperlichen Aktivitäten zu unterbrechen ist ein Teil dieses Prozesses, denn das hilft, die äußeren Ablenkungen des Geistes zur Ruhe zu bringen. Das zu tun ist am leichtesten, wenn man sitzt. Legt man sich hin, läuft man Gefahr einzuschlafen. Das Sitzen ist eine Position, in der Sie gut stillhalten und dennoch wach bleiben können. Auch wenn Sie bewegungslos dasitzen, vollkommen still, atmen Sie immer noch. Das kann eine Hilfe sein, um Bewusstheit und Sammlung aufrechtzuerhalten.

Die Gedanken werden kommen und gehen. In der Form der Sitzmeditation, die Shamatha oder «Ruhiges Verweilen» genannt wird, wird uns empfohlen, die Gedanken als Gedanken zu erkennen und sie dann loszulassen. Beurteilen Sie sich nicht, machen Sie sich keine Vorwürfe, erklären Sie nichts und machen Sie keine Psychoanalyse. Beobachten Sie einfach, wie das untrainierte Pferd durch die Koppel trabt und die Standfestigkeit des Gatters auf die Probe stellt. Versuchen Sie dieses bewusste Innehalten täglich möglichst regelmäßig zur gleichen Zeit zu tun, zuerst für einige Minuten, nach einer Weile vielleicht ein wenig länger.

Seien Sie sich bewusst, dass dies momentan noch ein Kampf sein mag. Aber eines Tages in nicht allzu ferner Zukunft wird es zur Gewohnheit werden. Und noch ein wenig später werden Sie finden, dass es für Ihr Leben unerlässlich geworden ist. Wenn Sie das widerspenstige Fohlen jetzt in der Koppel herumspringen sehen, dann sollten Sie sich klar machen, dass Sie nach regelmäßiger Schulung und Übung dieses Pferd eines Tages reiten werden und es Sie, schnell wie der Wind, genau dorthin tragen wird, wohin Sie gehen möchten.

UNTERWEGS NICHT AUFGEBEN

Wenn wir uns dafür entscheiden, Achtsamkeit zu entwickeln, setzen wir uns ein Ziel, das wir nicht über Nacht erreichen können. Um unser Bemühen *aufrechterhalten* zu können, ohne zu erlahmen, müssen wir *Geduld* und *Begeisterung* üben.

Wenn Sie sich irgendjemanden ansehen, der etwas Besonderes erreicht hat – sei es ein Konzertpianist, eine Eiskunstläuferin, ein berühmter Chirurg oder eine spirituelle Lehrerin –, dann werden Sie höchstwahrscheinlich feststellen, dass viele Jahre der Übung hinter ihrer jeweiligen Errungenschaft stehen. Was hat diese Menschen während der langen Stunden bei der Stange gehalten? Wie haben sie es geschafft, nicht zu ermüden?
Zuerst einmal hatten sie ein festen Ziel vor Augen. Sie wussten, wohin sie wollten, und sie nahmen einiges auf sich, um den besten Weg zu finden, wie sie dorthin gelangen konnten. Sie hatten die Geduld, die Schwierigkeiten und Härten auf dem Weg zu ertragen, ohne sich von Frustration und Unmut übermannen zu lassen. Und sie besaßen die Begeisterung, die nötig ist, damit man unterwegs nicht aufgibt. Ihre Begeisterung erlaubte es ihnen, sich weiterhin Mühe zu geben, einfach weil das Ziel, das sie sich gesetzt hatten, ihnen so viel bedeutete.
Geduld und Begeisterung sind zwei jener sechs Vollkommenheiten oder *Pāramitās*, die wir nach den buddhistischen Lehren üben sollten, damit wir Fortschritte auf dem Pfad machen können. Die anderen vier Eigenschaften sind Großzügigkeit, Disziplin, Sammlung und Weisheit.

Es gibt einen Unterschied zwischen konventioneller Geduld und der Art von Geduld, welche zu den Pāramitās gehört. Das, was wir gewöhnlich Geduld nennen, lässt uns zum Beispiel den ganzen Abend neben dem Telefon ausharren, weil unsere Exfreundin vielleicht doch noch einmal anruft. In den tibetischen Lehren ist jedoch eine ganz andere Art von Geduld gemeint. Es ist jene Geduld, die uns den Unmut und die Frustration überwinden lässt, die entstehen, wenn wir das Gefühl haben, unserem Ziel nicht näher zu kommen.
In seinem Werk «Eintritt in das Leben zur Erleuchtung» beschreibt Shāntideva, ein indischer Heiliger des 18. Jahrhunderts, diese Geduld als etwas sehr Großes. Nicht zu vergleichen mit dem Warten auf einen Telefonanruf. Es ist jene Geduld, die das Gegenmittel gegen Zorn ist.

Ein einziges Aufwallen von Zorn zerstört das während tausend Zeitaltern angesammelte Verdienst von Großzügigkeit und Huldigung der Erleuchteten.
Es gibt kein größeres Übel als Hass und keine größere Tugend als Geduld.
Darum solltest du in jeder Hinsicht mit ganzem Einsatz Geduld entwickeln. *

Geduldig bleiben

Wie können wir diese Art von Geduld erreichen? Wir erreichen sie, indem wir sorgfältig unsere Situation untersuchen. In den buddhistischen Lehren findet sich das Beispiel des Bur-

* Shāntideva, «Eintritt in das Leben zur Erleuchtung», Kapitel VI, 1–2. Nach der englischen Übersetzung des Autors.

schen mit dem Stock. Angenommen, wir schlendern fröhlich daher und gehen unseren edlen Zielen entgegen. Da versperrt uns plötzlich ein Wahnsinniger den Weg. Er hat einen großen Stock in der Hand und droht, uns damit zu schlagen. Vielleicht gelingt es ihm auch, und wir bekommen eins mit dem Stock übergezogen.

Wir werden wütend und möchten diesen Wahnsinnigen, der es gewagt hat, uns anzuschreien, und der uns sogar angegriffen hat, einfach über den Haufen rennen. Aber was nützt es, auf einen Wahnsinnigen wütend zu werden? Er wird total von seinem Wahnsinn beherrscht. Wenn wir genau hinsehen, dann sehen wir, dass es unser eigener Zorn und unsere eigene Frustration sind, die in diesem Moment unser Glück zerstört haben. Wenn wir überhaupt über irgendetwas verärgert sein sollten, dann über die Verblendung, die diesen armen Burschen beherrscht und die ihn um seine eigene Geistesruhe gebracht hat.

Natürlich sollten wir uns selbst schützen und nicht unnötig leiden. Wir sollten auch versuchen zu verhindern, dass dieser arme Bursche sich selbst und anderen Schaden zufügt. Aber wenn wir zulassen, dass wir von unserer Wut beherrscht werden und sie uns unser Glück stiehlt, dann sind wir nicht besser dran als dieser arme Wahnsinnige. Deshalb sollten wir Geduld entwickeln und die Widrigkeiten und Hindernisse, die uns heimsuchen, versuchen zu durchschauen. Wir sollten nicht zulassen, dass sie uns von unserem Ziel abbringen. Wir denken wieder und wieder darüber nach, bis wir von der Notwendigkeit des Übens überzeugt sind – des Übens jener Form von Geduld natürlich, die den Zorn besiegt, nicht der liebeskranken Geduld. Auf diese Weise kann Geduld unsere Achtsamkeits-Praxis unterstützen.

Begeisterung fördern

Auch Begeisterung ist notwendig. Ohne sie werden wir schnell müde, und unser Bemühen lässt nach. Der Weg, auf den wir uns gemacht haben, ist lang. Wie Buddha es beschrieben hat, haben wir uns aufgemacht, die 84 000 Verblendungen zu überwinden.

Auch unter Begeisterung wird in diesem Zusammenhang sehr viel mehr verstanden als das, was wir landläufig als Begeisterung bezeichnen. In dem Text «Opferung für den spirituellen Führer» heißt es:

Inspiriere mich dazu, die freudige transzendente Bemühung zu vervollkommnen,
Indem ich mit unermüdlichem Erbarmen nach der höchsten Erleuchtung strebe,
Auch wenn ich dazu viele Aeonen lang
*Zum Wohle aller Lebewesen im tiefsten Höllenfeuer verweilen muss.**

Nicht viele von uns würden bereitwillig diese Aufgabe übernehmen. Wenn wir trotzdem irgendwie dorthin gelangen würden, könnten wir das vielleicht für einen Sekundenbruchteil aushalten. Aber freudig? Und doch ist es genau diese Art von Begeisterung, die nötig ist, damit wir nicht nur zum Wohle anderer wirken können, sondern auch für unser eigenes Glück. Und wir sind gar nicht so weit davon entfernt, wie wir glauben. Wir müssen nur die rechte Motivation ins Auge

* Der I. Panchen Lama Lobsang Chökyi Gyaltsen (1570–1662), «Opferung für den spirituellen Führer» *(Lama Chopa)*, Vers 69; nach der englischen Übersetzung von Gehlek Rinpoche.

fassen. Denken Sie nur für einen Moment an die unablässigen Bemühungen, Menschenleben zu retten, deren Zeuge wir nach den Tragödien der letzten Zeit geworden sind. Um auch nur ein einziges Leben zu retten, haben Männer und Frauen ohne Rücksicht auf sich selbst Tag und Nacht gearbeitet. Sie gaben nicht auf, bis alles Menschenmögliche getan war, so schwierig es auch sein mochte. Unerschrocken arbeiteten sie weiter, bis jedes Leben, das vielleicht noch zu retten war, gerettet war. Niemand gab diesen Menschen den Befehl dazu. Es war eher so, dass niemand sie davon abhalten konnte. Sie wussten, was auf dem Spiel stand, und dieses Wissen gab ihnen die Art von Begeisterung, die sich durch nichts auf der Welt unterkriegen lässt. Wir alle tragen diese Kraft in uns. Wenn wir erst einmal begriffen haben, was auf dem Spiel steht, dann werden auch wir sie zum Vorschein kommen lassen.

Übung

Schattenboxen mit dem Gefühl der eigenen Wichtigkeit

Ich beobachte aufmerksam, wo sich Widerstand bemerkbar macht. Was lenkt mich von meiner Aufmerksamkeit ab? Was laugt meine Begeisterung aus und unterminiert meine Geduld?

Arbeit kann man gern machen oder auch widerwillig. Heute Morgen war es an der Zeit, die Zeitungen zu bündeln und den Müll rauszubringen – eine ziemlich einfache Angelegenheit, und nötig dazu. Und doch zerrt da etwas an mir, während ich die Zeitungen zusammenschnüre. Irgendein unangenehmes Gefühl verdirbt mir diesen sonnigen Tag auf dem Lande. Es ist das nagende Gefühl von Widerstand gegen diese anstehende Arbeit. Eine alte Gewohnheit hebt den Kopf und verlangt nach Aufmerksamkeit.

Wenn ich dieser Gewohnheit ein wenig nachspüre, dann merke ich, dass sie etwas mit dem Gefühl meiner eigenen Wichtigkeit zu tun hat. Warum muss ich so etwas machen? Habe ich nicht Besseres zu tun? Warum soll ich mich mit dieser unwichtigen Schnur herumärgern?

Aha, da ist er wieder – der Dieb, der mich mit dem Hinweis auf meine eigene Wichtigkeit dazu bringt, mich zu beklagen. Ein friedlicher Morgen, eine vernünftige Aufgabe, eine Gelegenheit, der anstehenden Aufgabe meine volle Aufmerksamkeit zu schenken, aber dieser gerissene Schwindler will nichts davon wissen. Das ist der Typ, hinter dem ich her bin. Das ist es, was ich mir wieder und immer wieder vor Augen führen muss – wie meine Geduld und meine Begeisterung von diesem Glauben an die eigene Wichtigkeit ausgehöhlt werden.

Diese Gewohnheit spielt ihre Rolle in einer ständigen Abwägung dessen, wer ich glaube sein zu müssen und wo ich auf der Leiter der Errungenschaften stehen möchte. Das ist ein ziemlich gemeiner Vergleich, weil ich seinem Anspruch nie genügen kann. Ich kann ihm nicht genügen, weil er schon von den Prämissen her falsch ist. Das ist es, was ich mir genau ansehen muss, wenn ich die Art von Geduld und Begeisterung entwickeln will, die mich auf meinem Pfad unterstützen kann.

Sie können diese Geduld auf sich selbst oder auf jemand anderen anwenden. Wenn Sie jemand ärgert, dann werden Sie sich zuerst des Widerstandes bewusst, der aus Ihrem Inneren kommt:

- *So seltsam es sich anhört, aber ist da etwas an dieser Irritation, das Ihnen Spaß macht?*
- *Bekommen Sie beim Blecken der Zähne vielleicht plötzlich Appetit auf einen Kampf? Was ist es, das da verärgert reagiert?*
- *Wo ist Ihre Ichempfindung in diesem nahenden Kampf?*
- *Spüren Sie etwas Festes in dieser Empfindung eines «Ich», das sich in dieser Wut erhebt?*
- *Was will dieses beleidigte «Ich» durch diesen Konflikt gewinnen?*

Nehmen wir an, Sie sitzen im Kino, und plötzlich fängt jemand hinter Ihnen an, seine Süßigkeiten auszuwickeln. Das knisternde Geräusch der Verpackung droht die zärtlichen Worte des Helden auf der Leinwand zu übertönen. Was vermag Geduld dann zu leisten, während Ihnen schon alle möglichen Schimpfwörter durch den Kopf gehen? Schließlich haben Sie Ihr hart verdientes Geld hingelegt, um diesen Film sehen zu können. Haben Sie nicht, verdammt nochmal, das Recht, ihn sich in Ruhe anzusehen? Merkt dieser Trottel denn nicht, was er hier für einen Lärm macht? Niemand, der auch nur annähernd so intelligent wäre wie Sie selbst, würde dermaßen unsensibel sein! Warum kann man nicht einfach all diese papierknisternden Idioten von der Erde verbannen?

Aber sehen Sie sich dieses Dilemma doch noch ein bisschen näher an. Glauben Sie, dass dieser Bursche absichtlich darauf aus ist, Sie auf die Palme zu bringen? Wahrscheinlich nicht. Wer ist also schuld? Genau genommen nicht der Bursche mit den Süßigkeiten. Nein, es wird immer klarer, dass der wahre Schuldige Ihnen un-

angenehm nahe ist. Sie ahnen bereits, dass er auf Ihrem eigenen Sitz sitzt. Natürlich haben Sie jedes Recht, Ruhe im Kinosaal zu erwarten. Das ist eine allgemein akzeptierte Konvention. Aber versuchen Sie doch das nächste Mal diesen reizbaren Typen zu Hause zu lassen!

WELCHE HILFSMITTEL HABEN WIR?

Unser geschäftiges Leben scheint einen großen Teil unserer *Zeit* und unserer *Aufmerksamkeit* zu verschlingen. Aber unsere scheinbar gehetzten Aktivitäten bieten uns zahllose Möglichkeiten für die *Übung*, wenn wir nur lernen, diese Gelegenheiten zu ergreifen.

Ich war mitten in der Arbeit an diesem Buch, und es waren noch knapp sechs Wochen bis zu dem vertraglich vereinbarten Ablieferungstermin, als Gehlek Rinpoche in die Stadt kam. Wir hatten seit mehr als einem Jahr auf eher gemächliche Weise zusammen an einem anderen Buch gearbeitet. Es war nicht leicht, überhaupt Zeit für die Arbeit mit Rinpoche zu finden, also nahm ich sie mir jetzt.

Ich arbeitete natürlich gern mit Rinpoche, aber ich machte mir auch Sorgen um meinen Zeitplan. Ich hatte einige andere dringende Angelegenheiten zu erledigen, und da ich als freier Mitarbeiter arbeite, gehörte das Einhalten von Ablieferungsterminen dazu.

Rinpoche stammt aus dem, wie er selbst sagt, «guten alten Tibet». Als er während der großen Fluchtwelle von 1959 den Himalaja nach Indien überquerte, war es für ihn, als sei er aus dem 16. Jahrhundert plötzlich ins 20. Jahrhundert verpflanzt worden. Ich nehme einmal an, dass so etwas wie Ablieferungstermine in seiner alten Welt nicht bekannt waren, denn ich habe niemals gesehen, dass er sich für irgendetwas besonders beeilt hat.

Das hätte schon eine Warnung für mich sein mögen, als ich mich für den ersten Tag unserer Arbeit mit Rinpoche traf. In meinem Kopf hörte ich meine persönliche Uhr ticken. Ich hoffte sehr darauf, von seinem Zeitplan zu erfahren, damit ich meine anderen Arbeiten darum herum arrangieren konnte. Rinpoche blieb das ganz offensichtlich nicht verborgen, denn das Erste, was er zu mir sagte, war: «Ich habe keinen Plan. Du hast keinen Plan. Manchmal ist es gut, keinen Plan zu haben.»

Während der folgenden drei Wochen streiften wir in der Stadt umher, arbeiteten gelegentlich an einigen Versen, gingen zum Mittagessen aus, gingen zum Abendessen aus. Wir beobachteten ein Gewitter. Weitere Mittagessen. Weitere Abendessen. Wir machten sogar einen Abstecher nach Chinatown und sahen uns dort die exotischen Früchte und Gemüsesorten an.

Alles, was ich in Richtung eines Zeitplanes aus Rinpoche herausbekam, bewegte sich in der Größenordnung von zwanzig Jahren für das Buch, bis zum Erscheinen von Rezensionen vielleicht hundert Jahre. Die ganze Zeit ließ Rinpoche Bemerkungen über Ablieferungstermine fallen. Er nannte sie eine Form von Faulheit. Er sagte, der größte Teil des modernen Geschäftsgebarens sei eine Art von Faulheit. Wir würden sie dazu benutzen, die wirklichen Prioritäten hintanzustellen. Wir sagen, wir seien zu beschäftigt, um Zeit für die Praxis zu finden. Aber in Wirklichkeit finden wir immer Zeit dazu, die Dinge zu tun, die wir tun möchten. Die Frage sei nur, welchen Dingen wir Priorität einräumen.

Hart arbeiten oder klug arbeiten

Zweifellos müssen wir unser Leben einteilen. Wir leben in einer Welt, in der die allermeisten von uns selbst für ihren Lebensunterhalt aufkommen müssen. Viele von uns haben familiäre und andere Verpflichtungen. Daran ist nichts Falsches.

Aber man kann einen Unterschied zwischen hartem Arbeiten und klugem Arbeiten machen. Wir im Westen scheinen unter ständigem Zeitmangel zu leiden. Die Uhren laufen bei uns genauso schnell wie anderswo, und doch stehen wir ständig unter Druck, den unablässigen Anforderungen an unsere Zeit zu entsprechen.

Je mehr ich darüber nachdenke, desto klarer wird mir, dass kluges Arbeiten nichts damit zu tun hat, mehr Zeit zu finden. Es hat damit zu tun, wie ich meine Zeit einteile. Ich muss die äußeren und die inneren Anforderungen ausbalancieren. Das Ganze hat mehr mit Qualität als mit Quantität zu tun. Da ich in der Welt lebe und nicht als Yogi in einer einsamen Höhle, sollte ich vielleicht in jeder Aufgabe die Gelegenheit entdecken, die sie mir für innere Arbeit liefert.

Eine heilige Umgebung schaffen

Der Buddhismus betont die Notwendigkeit der Reinigung. Wir alle sind Menschen, und wir alle machen Fehler. Auch wenn wir die besten Absichten haben, passiert es doch immer wieder, dass wir uns selbst und anderen Leid zufügen. Nach der buddhistischen Philosophie erzeugt dies negatives Karma. Kommen dann noch andere Dinge hinzu, reift das Karma und führt zu unangenehmen Konsequenzen. Durch die Reinigung werden diese Konsequenzen abgemildert. Darum sind viele Praktizierende froh, wenn sie die Gelegenheit zur Reinigung haben.

Reinigung ist eine sehr wohltuende Übung. Um sie geht es in den ersten Unterweisungen des *Lam Rim*, der Lehre von

den Schritten auf dem Weg zur Erleuchtung. Hier wird es das Schaffen einer heiligen Umgebung genannt. Dies bedeutet wörtlich, dass wir den Ort, an dem wir zu üben gedenken, ausfegen und sauber machen.
Wenn es mir in dieser hektischen Welt schwer fällt, genügend Zeit auf dem Meditationskissen zu verbringen, warum behandle ich dann nicht die Orte, an denen ich arbeite, als heilige Umgebung? Warum mache ich nicht mein Bett und spüle das Geschirr und räume meinen Schreibtisch mit dieser Absicht auf? Warum gehe ich nicht voller Achtsamkeit an die alltäglichen Verrichtungen heran? Warum mache ich nicht von allem, was mir begegnet, auf dieselbe Weise Gebrauch? Das würde bedeuten, klug zu arbeiten.

Übung

Achtsamkeit im Alltag

Wenn uns klar ist, dass wir in einer Epoche leben, in der die Zeit knapp ist, dann ist es sehr hilfreich, wenn wir von den sich uns bietenden Gelegenheiten den bestmöglichen Gebrauch machen. Wenn wir schon verpflichtet sind, jeden Tag einer Reihe von äußeren, weltlichen Tätigkeiten nachzugehen, warum benutzen wir sie dann nicht so, dass sie uns auch innerlich förderlich sind?

Nehmen Sie etwas so Prosaisches wie das Abwaschen. Das Essen ist vorbei, und nun ist es an der Zeit, sauber zu machen. Sie erinnern sich an Ihre Absicht, Achtsamkeit zu üben.

- *Es ist Ihr Ziel, über das, was die Wahrheit verdunkelt, hinauszusehen.*
- *Sie stehen mit den Füßen auf dem Boden und haben einen Teller in der Hand.*
- *Sie fühlen das Gewicht des Tellers.*
- *Sie hören auf das Geräusch des Wassers.*
- *Sie spüren Ihre Füße auf dem Boden. Sie sind hier.*
- *Sie atmen, während Sie arbeiten. Ihr Atem erinnert Sie an Ihre Absicht.*

Sie können sorgfältig oder nachlässig arbeiten. Das bleibt Ihnen überlassen. Warum also widmen Sie sich nicht voll und ganz der anstehenden Aufgabe? Bei jeder Art von Arbeit ist Qualität eine Manifestation von Aufmerksamkeit. Und da Sie Ihre Aufmerksamkeit entwickeln wollen, warum arbeiten Sie dann nicht auf eine Weise, die der Aufmerksamkeit förderlich ist? Die zu erledigende Aufgabe mag eine unwichtige Sache sein, doch die Arbeit an der Aufmerksamkeit ist es nicht.

Wenn Sie hierbei nachlässig sind, wie können Sie dann hoffen, dass Sie es bei anderen Tätigkeiten nicht auch sind? Wenn Sie Ihre Arbeit aufmerksam und gut machen, dann haben Sie die Chance, dabei eine Ahnung vom Wesentlichen zu bekommen. Sie bereiten sich durch die Praxis vor. Wenn Sie das Geschirr voller Aufmerksamkeit spülen, dann polieren Sie damit auch Ihre Praxis. Keine Arbeit, die auf diese Weise getan wird, ist umsonst. Ganz im Gegenteil. Die Praxis gewinnt dadurch, dass sie auch sich selbst aufbaut.

Und wenn Sie sich das nächste Mal zum Essen an den Tisch setzen und einen sauberen Teller vor sich haben, wird Sie das daran erinnern, achtsam zu sein und auch aus dieser Tätigkeit eine Übung zu machen.

DRITTER TEIL

Achtsamkeit praktizieren

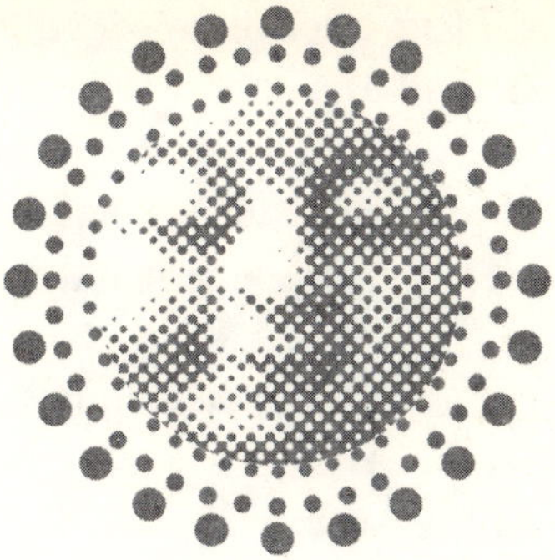

IMMER IN DER GEGENWART

Die *Empfindungen* des Körpers sind stets in der Gegenwart angesiedelt. Wenn wir den *Kontakt* zu ihnen herstellen, lässt uns das bewusster im *Augenblick* sein.

Wir leben in einem Ozean der Empfindungen. Unsere Sinne werden von Schwingungen des Sehens, Hörens, Riechens, Schmeckens und Tastens überflutet. Dieser Kontakt mit der Welt bringt einen ständigen Strom von Reaktionen in uns hervor. Wir nehmen ihn als angenehm, unangenehm oder neutral wahr. Auf diese Unterscheidungen reagieren wir mit Zuneigung, Abneigung oder Indifferenz. Wir fühlen uns zu den Empfindungen, die wir mögen, hingezogen und reagieren ablehnend auf die, die wir nicht mögen. All dies läuft sehr schnell in uns ab, ungebeten und ohne dass die meisten von uns es überhaupt wahrnehmen.
Die Empfindungen sind immer im gegenwärtigen Augenblick.

Und doch scheinen wir selbst selten im Augenblick zu sein. Im ersten Moment des Kontakts rufen unsere Empfindungen Gefühle hervor. Aber die automatisch ablaufende Reaktion von Zuneigung und Abneigung entfernt uns immer weiter von diesen ursprünglichen, unvoreingenommenen Gefühlen.

Es gibt viele biologische Gründe für diese Reaktionen. Sie helfen dem Organismus zu überleben, indem sie ihn vom Schmerzhaften weg und hin zum Angenehmen lenken. In den meisten Fällen hat das, was wir als angenehm wahrnehmen, einen biologischen Nutzen, zumindest anfänglich. Wir neigen dem Süßen zu und streben vom Bitteren weg. Die Kalorien, die in den natürlichen Zuckern enthalten sind, nähren uns. Die alkalinen Bestandteile in den bitteren Kräutern warnen vor potenziellen Giften. Doch allzu leicht geben wir dem Verlangen nach der Süße des einen nach und meiden den medizinischen Nutzen des anderen.

In seinen Darlegungen über die Vier Edlen Wahrheiten sprach Buddha über das Begehren als Ursache des Leidens. Wenn wir den Ablauf der Reaktionen in Geist und Körper genau beobachten, bekommen wir langsam eine Ahnung von dem Mechanismus, der zum Begehren führt. Es beginnt mit einer Empfindung. Empfindungen sind allgegenwärtig, aber wir haben nur selten einen direkten, unverstellten Zugang zu ihnen. Sie produzieren Gefühle des Glücks, des Leidens oder des Gleichmuts. Diese Gefühle sind an der Quelle unserer elementarsten Motivation angesiedelt: dem Wunsch, Frieden und Glück zu finden und dem Leiden zu entgehen. Wenn wir diese Gefühle direkt, also ohne die Hülle der Unwissenheit, erfahren können, dann wird kein Begehren daraus entstehen.

Aber wir reagieren darauf. Shakespeare deutet das an, wenn er Hamlet, der zunehmend philosophischer wird, sagen lässt: «Nichts ist gut oder schlecht, es sei denn, das Denken macht es dazu.» Wir möchten nicht vom Glück getrennt sein. Wir möchten Leiden vermeiden. Wir möchten, dass der Gleichmut andauert. Das scheint, oberflächlich betrachtet, ganz natürlich zu sein. Schließlich basiert auch der Wunsch nach Befreiung auf dem Erkennen der anderen Natur von Leiden und Glück. Aber das Begehren führt uns in die falsche Richtung.

Dem Begehren entgegenwirken

Begehren führt zum Festhalten an dem, wovon wir glauben, dass es uns vom Leiden befreien und glücklich machen wird. Aber wir leiden daran, nicht zu wissen, was es uns ermöglicht, unsere Ziele zu verwirklichen. Da wir nicht darum wissen, dass die Wirklichkeit von wechselseitiger Abhängigkeit bestimmt ist, und da wir die Konsequenzen unseres Tuns nicht erkennen, handeln wir auf eine Weise, die aufgrund von Anhaftung und Ablehnung zu schmerzlichen Resultaten führt. Wenn wir nach dem plündernden Dieb suchen, der uns unser Glück stiehlt, sehen wir, dass er an diesem Ort des Begehrens sein Pferd sattelt.

Es heißt, dass es keinen Unterschied zwischen dem Geist des Buddha und dem Körper des Buddha gibt. Erleuchtung ist totales Gewahrsein, frei von den Reaktionen der Unwissenheit. Zweifellos sind die meisten von uns weit von dieser Ebene entfernt. Aber wir können beginnen, dieses Gewahrsein vermittels unserer Empfindungen zu kultivieren. Sie stehen uns in jedem Moment zur Verfügung – hier, in der Gegenwart, im Körper. Wenn wir beginnen, auf diese Empfindungen zu achten, lernen wir den Mechanismus hinter unseren Reaktionen wahrzunehmen. Ohne die gewohnten Reaktionen zu sehen, ist Gewahrsein. Mit Gewahrsein sind wir dem Dieb auf der Spur.

Übung

Sich auf Empfindungen konzentrieren

Sie können Gewahrsein entwickeln, indem Sie Ihre Aufmerksamkeit auf Ihre Empfindungen richten. Die meisten Lehren empfehlen uns, mit dem Atem zu beginnen:

- *Während Sie ruhig dasitzen, versuchen Sie Ihre Aufmerksamkeit auf den Atem, der aus Ihrem Körper ausströmt, zu konzentrieren.*
- *Spüren Sie, wie der Atem bei geschlossenem Mund durch die Nasenlöcher strömt.*
- *Folgen Sie jedem Atemzug. Manche Lehrer empfehlen, die Atemzüge von eins bis zehn zu zählen. Beobachten Sie, welche Fortschritte Sie machen; seien Sie dabei ehrlich zu sich. Wenn Sie bemerken, dass Sie abgeschweift sind, fangen Sie wieder bei eins mit dem Zählen an. Seien Sie ehrlich zu sich selbst, aber hüten Sie sich vor Selbstkritik.*
- *Es gibt einen subtilen Augenblick, in dem Sie merken, dass Sie sich weit von Ihrem Atem entfernt haben, und möglicherweise ein Umschwung stattfindet. Beobachten Sie die Situation. Führt sie Sie näher an Sie selbst heran, oder entfernt sie Sie von sich selbst? Untersuchen Sie die Spuren des Diebes. Dann kehren Sie zum Atem zurück.*
- *Es heißt, dass das Gewahrsein Buddhas jede Zelle seines Körpers durchdrang. Üben Sie, diese riesige innere Landschaft zu spüren. Dies ist die Landschaft des zentralen Nervensystems. Die buddhistische Physiologie beschreibt das Nervensystem als ein Netzwerk von insgesamt 72 000 Kanälen. Während Sie ruhig dasitzen, lenken Sie Ihre Aufmerksamkeit auf Ihre Hand, Ihren*

Fuß, Ihre Wirbelsäule. Tauchen Sie tief in sich ein und versuchen Sie zu erfahren, was Sie entdecken. Beobachten Sie sorgfältig. Bemerken Sie die Empfindungen, die Gefühle, die Reaktionen. Entwickeln Sie Gewahrsein.

- *Fahren Sie mit dieser Übung im Laufe des Tages fort. Während Sie gehen, nehmen Sie sich vor, für die Distanz eines Häuserblocks auf die Empfindung Ihrer Füße auf dem Boden zu achten. Hören Sie auf die Geräusche, die Sie umgeben. Und achten Sie wiederum auf die Reaktionen von Mögen und Nichtmögen, von Anziehung und Ablehnung.*
- *Versuchen Sie, während Ihrer alltäglichen Verrichtungen Ihre Aufmerksamkeit auf diese Weise aufzuteilen; behalten Sie einen Teil Ihrer Aufmerksamkeit Ihren Empfindungen vor, während Sie sich bewegen, sprechen oder zuhören.*

Wenn Sie dies üben und immer wieder zu den Empfindungen des Augenblicks zurückkehren, dann werden Sie allmählich einen Geschmack davon bekommen, was es heißt, gewahr zu sein. Es ist der Geschmack der Freude.

Unsere negativen und positiven Handlungen manifestieren sich durch *Körper*, *Rede* und *Geist*. Achtsamkeit auf die Rede beschert uns Einsichten darüber, wie unsere Rede andere und wie die Rede anderer uns beeinflusst.

Die Rede bietet uns viele Ebenen der Entwicklung von Achtsamkeit. Wir können die Schwingung des Klangs dazu benutzen, unser Gewahrsein zu entwickeln, indem wir beobachten, wo die Stimme herkommt, während wir sprechen. Indem wir unsere Empfindungen verfolgen, bekommen wir ein Gespür für unseren Zustand, dafür, ob wir entspannt oder angespannt sind. Indem wir uns selbst zuhören, können wir uns der Motivation hinter unseren Worten bewusst werden.
Wir sollten uns genau ansehen, wie wir andere durch unsere Rede beeinflussen. Benutzen wir sie, um ihnen Gutes zu tun oder um ihnen zu schaden? Freundliche Worte, eifersüchtige Worte, grobe Worte, tröstende Worte – das alles sagt uns, ob wir in eine positive oder negative Richtung gehen. Was steht hinter diesen groben Worten? Stolz, Zorn oder Eifersucht? Wenn wir lernen können, auf uns selbst zu hören, dann beginnen wir die um Aufmerksamkeit heischenden Schreie unseres Ego hinter unseren negativen Aussagen zu erkennen. Was schwingt im Klang unserer Stimme mit? Woher kommt unsere Stimme in solchen Momenten des Zorns oder des Fluchens? Beobachten Sie, ob es Ihnen möglich ist, den Ort der Spannung zu erspüren. Wir können den Klang unserer eigenen Worte zu ihrer Quelle zurückverfolgen und dadurch mehr von der Wahrheit über uns erfahren.

Wir können auch in uns selbst verfolgen, wie wir auf die Rede anderer reagieren. Wie schnell sind wir eingeschnappt über scharfe Worte anderer! Wie schnell rüsten wir uns zur Verteidigung! Wie sehr sind wir doch bereit, unsererseits mit verletzenden Worten zurückzuschlagen! Wie oft ist die Welt schon durch die negative Kraft der Rede zum Wahnsinn oder in Gefahr geführt worden? Wie viel Leiden ist schon durch Worte des Hasses genährt worden? Angesichts des Schadens, den Worte anrichten können, sollten wir sie sorgfältiger wählen.
Freundliche Worte bringen ein anderes Spektrum von Reaktionen hervor. Wir strahlen, wenn wir gelobt werden. Freundlichkeit tut uns gut. Die Rede kann eine starke Kraft zum Positiven sein.
Unsere Rede ist der wichtigste Bote, wenn wir die Wahrheit mitteilen wollen. Wir verlassen uns auf die Worte der großen Lehrmeister, um uns auf dem Pfad zurechtzufinden. Auch wenn diese Lehrer nicht mehr körperlich anwesend sind, um uns zu führen, bleibt uns doch ihre erleuchtete Rede, die uns über Zeit und Raum hinweg durch Texte und mündliche Überlieferung erhalten geblieben ist.

Den Klang der Wahrheit erfahren

Die Wahrheit hat ihre Wege, uns anzurühren, wenn wir nur offen sind für sie. Worte der Wahrheit können unser Herz berühren. In solchen Augenblicken sind wir stärker in Kontakt mit unserer eigenen Ganzheit. Wir hören und fühlen die Dinge in einem anderen Licht.
Was wir hören, läuft im Allgemeinen durch einen Filter der Kritik. Wir fühlen uns von Rede angezogen und abgestoßen, wir reiben uns an den Worten anderer und sind von unse-

ren eigenen gebannt, so sehr, dass wir manchmal im Schlaf zu sprechen scheinen. Versuchen Sie, sich ehrlich zuzuhören. Wissen Sie wirklich, wovon Sie reden, oder reden Sie einfach nur so daher?

Wenn wir lernen, offener zu werden, haben wir die Möglichkeit, in Stille zuzuhören. Auf dieser höchsten Ebene nähert sich die Rede der Stille an. Wir können lernen, auf die Stille hinter den Worten zu hören. All dies ist Teil der Übung von achtsamer Rede.

Rezitation und Gesang sind in vielen Kulturen bei der Übung von Achtsamkeit eingesetzt worden. Das Rezitieren gibt uns die Möglichkeit einzuschätzen, wie unsere Gedanken während des Sprechens abschweifen und zurückkehren. Der Sanskrit-Begriff *Mantra* bedeutet «Schützen des Geistes». Bedenken Sie, auf welche Weise die achtsame Rede unseren Geist zu schützen vermag. Wenn wir achtsam mit unseren Worten umgehen, unterbinden wir den Ausdruck von Negativität. So bleiben wir ehrlich.

Unachtsame und gedankenlose Rede vermeiden

Niemand von uns ist gern der Adressat von unachtsamen und gedankenlosen Worten. Die buddhistische Lehre beschreibt vier Arten negativer Rede: Lügen, entzweiende Rede, grobe Worte und Klatsch und Tratsch. Diese Formen von Rede sind wie ein Gift. Sie können sowohl den Zuhörer als auch den Redenden beeinträchtigen. Denken Sie nur daran, wie sehr verletzende Worte, ohne dass auch nur die Hand erhoben wurde, bei Kindern Schaden anrichten und Ehen vernichten können. Und Klatsch kann zu einer Sucht werden, die den

Ruf eines Menschen untergraben, seine berufliche Stellung ruinieren und einen guten Namen beschmutzen kann. Lügen können zu tragischen Konsequenzen führen. Menschen, die von Falschheit vergiftet sind, können zum Hass verführt werden. Zu Unrecht beschuldigte Menschen leiden unter diesem Unrecht. Menschen, die von unaufrichtiger Rede in die Irre geführt werden, können ihr ganzes Leben vergeuden, indem sie falschen Zielen nachlaufen. Entzweiende Rede kann große und kleine Konflikte hervorrufen.
Bedenken Sie, ob Ihre Worte zu einer dieser Kategorien gehören. Wollen wir vermeiden, dass unser Geist vom Gift negativer Rede gefärbt wird, dann sollten wir uns um achtsame Rede bemühen.

Übung

Der Ton macht die Musik

Versuchen Sie hinzuhören, während Sie sprechen.

Beginnen Sie mit der Empfindung des Klangs. Sehen Sie, wo Ihre Stimme zentriert ist:

- *Kommt Ihre Stimme aus Ihrer Kehle oder Ihrem Kopf oder von weiter unten?*

Versuchen Sie wahrzunehmen, ob Ihre Rede Spannungen oder Entspannung in Ihnen hervorruft.

Folgen Sie Ihren Worten:

- *Wie sind sie moduliert?*
- *Klingt Ihre Stimme gezwungen oder locker?*

Horchen Sie auf Stresssignale:

- *Ist die Stimmlage hoch oder sonor?*
- *Was sagt Ihnen das?*

Analysieren Sie, was Sie tun:

- *Versuchen Sie Recht zu behalten oder sich Gehör zu verschaffen?*
- *Versuchen Sie durch Manipulation eine bestimmte Reaktion beim anderen hervorzurufen?*

In unserer Rede schwingt häufig noch ein Subtext mit, die eigentliche Botschaft hinter dem Gesagten. Können Sie selbst diesen Subtext hören? Hören Sie ihn bei anderen. Wir mögen uns zwar wünschen, geradeheraus sprechen zu können, aber Angst und Begehren hindern uns oft daran, wirklich offen zu sein. Wie hört sich unsere Rede dann an? Wie fühlt sie sich an? Ist das Ihre wahre Stimme, oder ist Ihre Stimme beklommen?

Wenn Sie jemanden singen hören, dann spüren Sie sofort den Unterschied zwischen einer Stimme, die frei ist, und einer gezwungenen und befangenen Stimme. Sie hören, ob das Lied von Herzen kommt oder nicht.

- *Wenn Sie sich trauen, versuchen Sie einmal, Ihre Stimme erklingen zu lassen und ein Lied zu singen.*

- *Versuchen Sie die Quelle Ihrer Befangenheit zu spüren und dessen, was Ihren Gesang gezwungen klingen lässt.*
- *Versuchen Sie den Unterschied zu spüren, wenn Sie tatsächlich zu «Ihrer» Stimme finden.*
- *Wenn sich die Gelegenheit ergibt, singen Sie gemeinsam mit anderen.*
- *Achten Sie auf den Moment, in dem Ihre Stimme in Einklang mit den anderen kommt – wenn sie frei fließt und es keinen Unterschied mehr gibt zwischen dem Sänger und dem Lied.*

Unser Geist ist zu außergewöhnlichen *Leistungen* fähig, wenn wir lernen, unser *Ichbewusstsein* auszubilden.

Atīsha, der große buddhistische Meister aus dem Indien des 12. Jahrhunderts, sagte: «Wenn du in Gesellschaft bist, prüfe deine Rede. Wenn du allein bist, prüfe deinen Geist.»

So wie wir heute sind, ist unser Geist von Verblendung behindert. Buddha lehrte, dass Weisheit eine Voraussetzung für wahre Freiheit ist. Weisheit ist die einzige Möglichkeit, die Unwissenheit ein für alle Mal zu überwinden. Weisheit lässt sich nur durch die Macht der Sammlung erlangen. Um den Geist in der Sammlung stabilisieren zu können, muss man sich vom Sog negativer Süchte befreien.

Achtsamkeit heißt, dass wir unserer Tätigkeiten, Worte und Gedanken gewahr sind. Jeder dieser drei Bereiche enthält das Potenzial für positives und negatives Handeln. Mangelt es uns an Gewahrsein, dann neigen wir zu gedankenlosem Handeln. Wir alle haben irgendwann schon einmal unsere Erfahrungen mit dem Schaden gemacht, den nachlässige Worte und Taten anrichten können. Da sie die Quelle negativer Worte und Taten sind, können auch nachlässige Gedanken schädlich sein.

Gewohnheitsmäßige Spannungen im Körper sind die Konsequenz eines Mangels an Gewahrsein. Auch das zwanghafte Denken, dem viele von uns unterliegen, ist eine Folge des Mangels an Gewahrsein. Wenn wir unsere Aufmerksamkeit auf unsere Gedanken lenken, beginnen wir zu sehen, wie eigenwillig und ungehorsam sie oftmals sind. Statt von unserer Absicht geleitet zu sein, werden unsere Gedanken die

meiste Zeit von der Verblendung getäuscht. Die traditionelle Lehre beschreibt sechs grundlegende Arten der Verblendung: Unwissenheit, Anhaften, Zorn, Stolz, falsche Ansichten und Zweifel.
Diese Verblendungen bringen uns in Schwierigkeiten. Ein Teil der Natur einer jeder dieser Verblendungen sind schlechte Angewohnheiten. Wie sie sind auch Verblendungen leicht zu bekommen und schwer loszuwerden. Gewohnheitsmäßige Spannungen im Körper tun uns nicht gut. Sie vergeuden unsere Energie und führen zu vielen unerwünschten Nebenwirkungen. Verblendete Gedanken bewirken Ähnliches in unserem Gedankenstrom: Sie laugen die Kraft unserer Aufmerksamkeit aus und versetzen die im Grunde ruhige Natur des Geistes in Turbulenzen. Es mangelt uns an Konzentrationskraft, weil unser Geist von diesen zur Gewohnheit gewordenen Gedanken ständig abgelenkt wird. Wir müssen aber fähig sein, uns zu sammeln, um die Weisheit entwickeln zu können, die dem Dieb mit seinen Raubzügen ein für alle Mal das Handwerk legt. Allerdings sind wir von diesen gewohnheitsmäßigen Verblendungen blockiert.

Mit falschen Ansichten ringen

Zweifel behindert unseren Fortschritt, indem er uns dazu zwingt, immer und immer wieder dasselbe Terrain zu betreten. Statt einen bestimmten Punkt zu hinterfragen, ihn zu untersuchen, uns ein Urteil über seine Gültigkeit zu bilden und ihn dann in unserer Praxis anzuwenden, drehen wir uns ständig im Kreis, sodass wir uns nicht mehr auf unsere Intelligenz und Erfahrung verlassen können. Doch wenn wir kein Vertrauen in unsere Intelligenz und Erfahrung haben, können wir niemals hoffen, den Weg aus dem Wald der Verblendung heraus zu finden.

Der Zorn frisst unsere Geistesruhe auf, bis wir völlig von seiner Raserei überwältigt werden. Und dann fügen wir uns selbst und anderen großen Schaden zu. Wie eine Feuersbrunst zerstört er in wenigen Momenten, was wir über Jahre aufgebaut haben.

Falsche Ansichten blockieren unsere Weiterentwicklung, indem sie unseren Geist mit Ideen vernebeln, die niemals zu den Resultaten führen, die wir brauchen. Falsche Ansichten stellen das dem Zweifel entgegengesetzte Extrem dar. Statt endlos Fragen zu stellen, akzeptieren wir dubiose Vorstellungen, ohne sie angemessen geprüft zu haben. Im schlimmsten Fall kann das zu blindem Glauben führen, der für seine irregeleiteten Anhänger tragische Konsequenzen haben kann.

Stolz behindert uns, indem er uns in einem falschen Bild von uns selbst gefangen hält. Trunken von unserer Unfehlbarkeit, sind wir unfähig, unser Handeln zu beobachten und in Frage zu stellen. Wir werden blind für unsere negative Motivation und entfernen uns immer weiter von der Wahrheit.

Anhaftungen machen uns zu Sklaven unserer Begierden. Wir können nicht von den Gedanken des Habenwollens ablassen. Wenn sie uns in ihren Klauen haben, dann sind wir Tag und Nacht von Gier, Neid und Geiz gequält. Der Sog dieser Begierden beherrscht unser Denken, sodass wir niemals zu der ruhigen Ausgeglichenheit finden, die nötig ist, um Sammlung und Weisheit zu entwickeln.

Unwissenheit ist die Wurzel unserer Verblendungen. Weil wir die Natur und die Quelle unserer Verblendungen nicht sehen und verstehen, sind wir dazu verdammt, in ihrer Umklammerung zu bleiben. Unwissenheit verstellt uns eine klare Sicht, indem sie uns eine völlig falsche Sichtweise präsentiert. Daran glauben wir dann und hören auf, nach dem Kern unserer Probleme zu fragen. Auf diese Weise versteckt sich der Dieb und schützt sich, verborgen hinter dem Trugbild der Unwissenheit.

Übung

Mit der Unwissenheit umgehen

Wie Atīsha sagte, müssen wir unseren Geist prüfen. Wir müssen die Stabilität entwickeln, die Weisheit möglich macht. Das heißt, dass wir dieses machtvolle, aber ungehorsame Pferd trainieren müssen, sodass es uns dorthin trägt, wo wir hinwollen.

Geduldiges regelmäßiges Üben ist der beste Weg, um dies zu erreichen. Solange der Geist von negativen Gedanken verstört ist, wird er nur schwer zu schulen sein. Wollte man ein Pferd trainieren, so würde man all die anderen wilden jungen Pferde, die es stören oder ablenken könnten, von der Koppel entfernen. Im frühen Stadium unserer Übung können wir unseren Geist auf ähnliche Weise von Ablenkung befreien, indem wir uns auf den Atem konzentrieren. Den meisten von uns fällt es schwer, mehr als einen Gedanken gleichzeitig im Geist zu tragen. Indem wir uns auf die Wirklichkeit des Atmens konzentrieren, können wir den Geist allmählich von störenden Einflüssen befreien.

Wenn Sie einen ruhigeren Zustand erreicht haben, beginnen Sie die Natur Ihrer Verblendung eingehender zu betrachten. Die traditionellen Lehren empfehlen, dass man sich bei dem Versuch, seine

Verblendungen zu überwinden, zuerst auf die wesentliche Verblendung konzentrieren sollte. Der Grund wird durch folgendes Beispiel ersichtlich: Würde man von einer Räuberbande angegriffen und müsste einen der Räuber zuerst niedermachen, dann würde man sich auf den Anführer konzentrieren. Wenn ihr Führer fällt, dann werden die anderen den Mut verlieren. Jeder von uns befindet sich im Griff einer vorherrschenden Verblendung. Bei einigen ist es der Zorn, bei anderen der Stolz. Und manche Menschen sind von Anhaftungen besessen.

Finden Sie heraus, welcher dieser Diebe die Vorherrschaft über Ihren Geist hat. Dann konzentrieren Sie sich auf seine Natur. Untersuchen Sie, ob er Sie etwa vom Leiden befreien kann. Stellen Sie fest, ob er Ihnen dauerhaftes Glück schenken kann. Können Sie voller Ernst behaupten, diese Verblendung unter Kontrolle zu haben, oder werden Sie vielleicht von ihr kontrolliert?

Wenn Sie die Antworten auf diese Fragen finden, dann können Sie beginnen, in sich die Entschlossenheit aufzubauen, die Sie brauchen, um aus der Tyrannei der Verblendung auszubrechen. Sie werden erkennen: Diese Verblendung hat mich immer wieder meiner Freude und meiner Zeit beraubt. Ich habe den größten Teil meines Lebens unter ihrer Vorherrschaft zugebracht, und sie hat mir nichts als Schwierigkeiten beschert. Sie hat meinem Fortschreiten im Weg gestanden. Sie hat mir und anderen Leiden gebracht. Doch jetzt habe ich erkannt, was sie mich tatsächlich kostet, und ich werde sie nicht länger tolerieren. Von diesem Moment an werde ich äußerst wachsam sein, sodass sie mir nie mehr meinen kostbaren Seelenfrieden rauben kann.

Wie Shāntideva es sagte:

Untersuche wieder und immer wieder
Den Zustand deines Körpers und Geistes.
Kurz gesagt: Die Natur der Wachsamkeit
Ist die eines Wachtpostens.

DIE DREI GIFTE UND IHRE GEGENMITTEL

Die negativen Emotionen von *Zorn, Anhaftung* und *Unwissenheit* beherrschen unser Denken. Das Üben von Achtsamkeit kann uns helfen, machtvolle Gegenmittel gegen diese drei Gifte zu entwickeln.

Der große buddhistische Meister Shāntideva hat uns aufgefordert, den Zustand unseres Körpers und unseres Geistes zu untersuchen. Unser Zustand ist unser Führer; er führt uns zu dem, woran wir arbeiten müssen. Es ist zweifellos richtig zu sagen, dass unsere Arbeit darin besteht, uns selbst von den drei negativen Neigungen Zorn, Anhaftung und Unwissenheit zu befreien.

Buddha lehrte, dass ein jeder von uns selbst für sich verantwortlich ist. Wir haben unseren Zustand, ob er nun freudvoll oder unglückselig ist, ganz und gar selbst herbeigeführt. Aber solange wir das nicht erkennen, geraten wir in Versuchung, anderen dafür die Schuld zu geben. Manchmal scheint dieses Abwälzen der Schuld uns durchaus gerechtfertigt zu sein. Nehmen wir einmal an, ich hätte einen Feind, der nichts lieber sähe als meinen Untergang. Dieser wütende Kerl ist ohne Frage die Ursache meines Unbehagens. Ohne ihn wäre ich glücklich und könnte in Frieden leben. Ich sehe ihn ganz klar als die Ursache meiner Schwierigkeiten. Wenn er von einem bösen Unfall heimgesucht würde, wäre ich dann nicht froh? Schließlich geschähe es diesem Dummkopf nur recht! Um es deutlich zu sagen: Die Welt wäre besser dran ohne ihn und seine Bosheit. Ich würde das sogar selbst arrangieren, wenn

man mir nicht auf die Schliche kommen könnte. Schließlich würde ich damit allen einen Gefallen tun.
Aber halten diese Gedanken einer näheren Untersuchung stand? Ein einziger Blick auf diesen Menschen mit dem verzerrten Gesicht, der tobt und mich anschreit, wird mir zeigen, dass er vollkommen von seinem Zorn beherrscht ist. Sein Geist ist davon vergiftet. Und nun versucht er, auch mich zu vergiften. Wäre ich nicht ein Narr, wenn ich es bereitwillig tränke? Wenn jemand vergiftet ist, macht es dann Sinn, auf die Person selbst wütend zu sein, wenn doch das Gift an ihrem Zustand schuld ist? Das Gift des Zorns hat sie verrückt gemacht. Kann ich denn auf einen Wahnsinnigen zornig sein? Oder ist sein Wahnsinn eher das passende Ziel?
Indem ich meine Reaktionen achtsam beobachte, kann ich lernen, sie vorauszusehen. Wenn sie sich also das nächste Mal einstellen, kann ich einschreiten, um das Gift daran zu hindern, sich bis in meinen Geist auszubreiten. Wenn ich aufmerksam bin, dann kann ich das Gegenmittel zum Zorn anwenden, bevor auch ich von ihm infiziert bin. Das Gegenmittel ist Geduld. Geduld erlaubt es mir, den Zorn als das zu erkennen, was er ist, nämlich ein Dieb. Ich kann meinen Geist benutzen, um durch den roten Nebel des Zorns hindurchzuschneiden und die Wahrheit zu sehen. Ich kann mit meiner Übung fortfahren und dabei stets wachsam bleiben, ob irgendwo eine Spur des Diebes zu entdecken ist.

Die Gefahren des Anhaftens

Anhaftung treibt uns in die Ablenkung. Wir bringen es nicht fertig loszulassen, und wir können einfach nicht genug bekommen. Wir machen unsere Hoffnungen auf Glück an dem

Objekt unseres Anhaftens fest. Aber das, was wir wirklich davon erhalten, ist Elend. Das Anhaften beraubt uns der Fähigkeit, das zu würdigen, was wirklich unsere Wertschätzung verdient. Wir leben in der Furcht, das zu verlieren, was wir haben, und das nicht zu bekommen, was wir uns wünschen. Es ist schwer, etwas wertzuschätzen, wenn man in der Furcht lebt, es zu verlieren. Diese Furcht führt zu ständigen Turbulenzen in unserem Geist. Sie treibt uns dazu, an etwas festzuhalten, was sich nicht festhalten lässt. In der Hoffnung, dass ihr Besitz uns Freude bringen wird, versuchen wir, Objekte zu bewahren und zu behalten. Doch diese Objekte sind alle vergänglich. Mein hübsches kleines Haus auf dem Lande wird jedes Jahr ein bisschen mehr verfallen. Im Winter ist das Dach leck. Ich kann es reparieren, aber dann geht der Wasserboiler kaputt. Auch den kann ich wieder in Ordnung bringen, aber die Bäume in meinem Vorgarten werden alt und sterben. Ich kann zwar neue Bäume pflanzen, aber werde ich auch lange genug leben, um noch zu sehen, wie große Bäume daraus werden? Wäre es nicht vielleicht besser, einfach meinen Griff zu lockern und das wertzuschätzen, was direkt vor meinen Augen liegt?

Und wie viel unmöglicher ist es, an anderen Menschen festzuhalten? Wenn ich mein Glück daran hänge, dass es mir gelingt, einen Menschen an mich zu binden, wie viel wird mir das nützen? In meinem Herzen verhalte ich mich so, als gehörte mir die andere Person, als sei sie nur dazu da, mich glücklich zu machen. Aber um dies tun zu können, müsste sie sich genau so verhalten, wie ich es mir vorstelle.

Wenn ich einen Menschen nach meinen Maßstäben beurteile, statt ihn so zu akzeptieren, wie er ist, dann werde ich laufend enttäuscht werden. Wir alle verändern uns ständig – in unseren Vorlieben und Abneigungen, unserem Haaransatz und im Umfang unserer Taille. Wenn dieser Mensch sich von mir abwendet, dann bin ich entweder außer mir vor Wut oder am Boden zerstört. Das Anhaften spielt den Jago für meinen Othello und lockt mich in den Wahnsinn. In den Nachrichten hören wir ständig von solchen Folgen des Anhaftens.

Es beraubt uns unserer Zufriedenheit. Buddha lehrte, dass unsere Unzufriedenheit hauptsächlich daher rührt, dass wir nicht mit dem zufrieden sind, was wir haben. Das Anhaften kann mit unserem Geist durchgehen, wenn wir erst einmal von seinem Gift infiziert sind. Wir müssen die Symptome also aufmerksam wahrnehmen und achtsam ein Gegenmittel anwenden. Das Gegenmittel ist die tief greifende Anerkennung der Tatsache, dass das, was wir begehren, vergänglich ist. Indem wir erkennen, dass wir das, was wir begehren, nicht wirklich besitzen können, können wir von unserer besessenen Jagd danach ablassen. Wenn wir unser angstvolles Haften an den Dingen loslassen, werden wir frei dazu, das wertzuschätzen, was wir haben.

Die Unwissenheit verstehen

Unwissenheit liegt an der Wurzel dieser negativen Gewohnheiten. Sie hindert uns daran zu sehen, dass nichts unabhängig existiert. Weil alle Dinge wechselseitig voneinander abhängig sind, ist alles, was existiert, auch vergänglich.

Das bedeutet, dass nichts, einschließlich des Ego, an und für sich selbst existiert. Alles setzt sich aus verschiedenen Bestandteilen zusammen. Diese Person, die hier tippend vor dem Computer sitzt, ist die Verbindung eines Körpers, eines Bewusstseins und eines Namens. Wenn man eine dieser Komponenten wegnimmt, so habe ich nicht mehr dieselbe Identität. Die Wahrheit dieser Tatsache ist für das Ego nicht leicht zu schlucken. Das Ego sieht sich selbst gern als völlig unabhängig, so, als bräuchte es sich für seine Existenz auf nichts anderes zu stützen. Denn wenn es in seiner Existenz von irgendetwas abhängig wäre, dann bestünde immer die Gefahr seiner Vernichtung. Das führt zu der allgegenwärtigen Angst, die den meisten unserer Handlungen zugrunde liegt.

Die Weisheit, die die wahre Natur der Wirklichkeit schaut, packt die Unwissenheit an ihrer Wurzel. Sie befreit den Geist schließlich von seinen letzten Behinderungen.

So heißt es im «Herz-Sūtra»:

Der Bodhisattva stützt sich auf die höchste
vollkommene Weisheit,
ohne jegliche Behinderung im Geiste.
Keine Behinderung, deshalb keine Angst.
Weit jenseits aller verdrehten Ansichten.
Zu guter Letzt Nirvāna.

Nirvāna ist die Freiheit vom Leiden, während die Angst und Verwirrung der Unwissenheit die Wurzel allen Leidens sind. Diese tief greifende Unwissenheit auszurotten ist kein kleines Unterfangen. Es ist vielleicht die größte Herausforderung, die es gibt. Die Weisheit, von der das «Herz-Sūtra» spricht, liegt am Ende eines langen, langen Weges des Bemühens und Übens. Aber dieser Pfad ist gangbar. Und die Lehren, die uns leiten können, sind vorhanden. Unser eigener Geist ist das, was schließlich die Wahrheit verwirklichen wird. Wir alle besitzen dieses Potenzial.

Übung

Liebe contra Anhaften

Wir alle sehnen uns nach Liebe, danach, Liebe zu fühlen und sie zum Ausdruck zu bringen. Selbst das härteste Herz ist nur deshalb verschlossen, weil es der Liebe ermangelt. Aber Anhaftungen verkleiden sich oft als Liebe. Nur wenn diese Liebe auf die Probe gestellt wird, sehen wir, was sie wirklich ist. Wir müssen lernen, Verblendung von Wahrheit zu unterscheiden.

Versuchen Sie, die folgenden Fragen ehrlich zu beantworten:

- *Basiert Ihre Liebe zu anderen auf einem stillschweigenden Tauschhandel?*
- *Lieben Sie andere, weil diese anderen Sie lieben?*
- *Wenn ein Mensch, den Sie angeblich lieben, alt oder hinfällig wird, würden Ihre Gefühle sich dann verändern?*
- *Was wäre, wenn das Glück des anderen verlangte, dass er oder sie ans andere Ende der Welt umzöge und sie sich niemals wiedersähen? Würden Sie das Fortziehen dieses Menschen begrüßen, weil es ihn glücklich macht? Oder hat Ihre Liebe nur Bestand, wenn Ihr Geliebter oder Ihre Geliebte bestimmte Bedingungen erfüllt?*

Übung

Den Zorn auf die Anklagebank setzen

Die meisten von uns rechtfertigen ihren Zorn dadurch, dass sie dem Objekt ihres Zorns Schuld zuschreiben.

- *Versuchen Sie der Spur dieser Schuldzuschreibung zu folgen. Untersuchen Sie die Situation, als wären Sie ein Privatdetektiv auf der Spur eines riesigen Betrugsfalles.*
- *Würde Ihre Schuldzuweisung vor Gericht Bestand haben, oder ist Ihr Zorn Teil eines Versuchs, etwas zu verbergen?*
- *Bauen Sie Ihren Fall sorgfältig und wohl durchdacht auf. Sammeln Sie Beweise.*
- *Bringen Sie Ihren Zorn in den Zeugenstand und zwingen Sie ihn zu einer Aussage.*
- *Wer sind seine Hintermänner?*
- *Was ist das Motiv?*
- *Wer gewinnt etwas dadurch?*
- *Wie gewinnt derjenige dadurch?*
- *Wer ist das Opfer?*
- *Wer gewinnt die Verhandlung?*
- *Wer leidet?*

Übung

Die Unwissenheit verbannen

Unwissenheit ist die Quelle unserer Verblendungen. Sie sind bloße Gewohnheiten. Versuchen Sie, ein Gespür für diese negativen Gefühle zu entwickeln, während sie entstehen.

- *Jede Gewohnheit oder Sucht hat eine angenehme Komponente. Wenn Zorn in Ihnen aufsteigt, versuchen Sie die subtile Freude in dieser Wut zu spüren.*
- *Wenn Sie leiden, weil das Objekt Ihres Anhaftens gerade außerhalb Ihrer Reichweite liegt, sehen Sie, ob Sie die Süße schmecken können, die im Kern Ihres Elends steckt.*
- *Betrachten Sie all Ihre Obsessionen auf diese Weise. Sehen Sie, ob diese Empfindung von Süße inmitten der Verblendung etwas in Ihnen verstärkt. Sehen Sie, ob sie Ihr Selbstbild widerspiegelt.*
- *Gibt es einen Teil in Ihnen, der sich als der Liebeskranke, der Rasende oder der Verlangende identifiziert?*
- *Sehen Sie, ob Sie die Verblendung vielleicht auf subtile Weise dazu benutzen, sich selbst zu definieren.*
- *Dann fragen Sie sich, ob Sie das wirklich sind.*

NICHT MEHR URTEILEN

Wir neigen dazu, die Welt durch die Filter von *Zuneigung, Abneigung* und *Indifferenz* zu sehen. Übung der Achtsamkeit kann uns helfen, die Dinge klar als das zu sehen, was sie sind, und kann uns von Gewohnheitsreaktionen befreien.

Innerhalb des Buddhismus gibt es viele Lehrgeschichten, die oftmals eine paradoxe Wendung enthalten. Auch die Sufis überliefern viele Fabeln, die die Wahrheit enthüllen sollen. Besonders populär sind die Geschichten von Mullah Nasruddin, einem weisen Narren, einer Art orientalischer Eulenspiegel. In einer dieser alten Geschichten kommt ein Freund eines Abends bei Mullah Nasruddin vorbei und findet ihn vor seinem Haus auf allen vieren. Er sucht den Boden unter einem Laternenpfahl ab. Der Freund fragt den Mullah, was er denn da mache. Der Mullah antwortet, er suche nach seinem Haustürschlüssel. Der Freund fragt ihn, wo er ihn denn zuletzt gesehen habe. «Im Haus», antwortet der Mullah. «Aber warum suchst du dann unter dem Laternenpfahl?», fragt der Freund. «Weil hier mehr Licht ist», entgegnet der Mullah.

Auch in unserem Fall ist Sehen der Schlüssel. Um gut sehen zu können, brauchen wir mehr Licht. Im Augenblick ist uns die Sicht durch Vorurteile und gewohnte Beurteilungen verstellt. Wir müssen lernen, dieses Urteilen zu unterlassen. Normalerweise sehen wir die Welt durch einen Filter der Vorurteile. Wie oft haben Sie schon Ihre eigenen Schlüssel verlegt und haben deshalb nicht gesehen, dass er genau vor Ihrer Nase lag, weil Sie überzeugt waren, er müsste anderswo sein. Wir neigen dazu, zu sehen, was wir sehen wollen, und geflissentlich zu übersehen, was wir lieber nicht sehen möchten. Dieses Nichtsehen wird sogar noch ausgeprägter, wenn es darum geht, uns selbst zu sehen.

Wenn ich in den Spiegel schaue, dann sehe ich eine Zusammenstellung von Vorurteilen. Ich sehe mich selbst als eine Sammlung von Identitäten und Etiketten, von mich prägenden Geschichten, die das definieren, was ich zu sein glaube. Ich verlasse mich darauf, dass dieses zusammengeschusterte Bild meines Ich durch meine Beziehungen zu anderen bestätigt wird. Das ganze System ist so konstruiert, dass es mich daran hindert, mich so zu sehen, wie ich bin.

Aber das ist bei weitem noch nicht alles. Alles, was ich bei dieser flüchtigen Selbstbetrachtung sehe, ist von Urteilen geprägt. Ich will nicht sagen, dass wir keine Unterscheidungen treffen sollten. Ganz im Gegenteil. Bei der Suche nach der Wahrheit brauchen wir ein sehr scharfes Unterscheidungsvermögen. Wenn ich von Prägung spreche, dann meine ich das in dem Sinne, dass unsere Urteile von Ängsten, Vorurteilen und Gewohnheiten geprägt sind. Wenn ich genau hinsehe, bemerke ich, dass ich geradezu zwanghaft über alles urteile, was mir begegnet. Auf einer sehr grundlegenden Ebene sind unsere Wahrnehmungen einer ständigen Sturzflut von Zuneigungen und Abneigungen ausgesetzt. Es ist sehr schwierig, einfach das zu sehen, was ist.

Warum wir mehr Licht brauchen

Der Dieb, den wir zerstören müssen, wird von diesen Urteilen genährt. Nehmen wir den Fall von Habgier. Habgier kann niemals befriedigt werden, denn ihr Ziel ist es, die ganze Welt zu besitzen. Und wenn wir es nicht schaffen, ihr die ganze Welt zu Füßen zu legen, bekommt dieser Tyrann einen Wutanfall. Wir fühlen uns schlecht und sind unzufrieden, weil wir den Forderungen des Ego nicht entsprechen konnten. Wir fühlen uns unzulänglich und meinen, uns noch etwas schuldig zu sein. So wenden wir uns gegen uns selbst, sodass wir schließlich zum Objekt unserer eigenen Misshandlungen werden. Eine der unglücklichen Konsequenzen dieses Prozesses ist Bitterkeit. Wenn Sie sich umsehen, werden Sie feststellen, dass diese Tragödie überall um Sie herum abläuft. Und wenn Sie genau hinschauen, dann finden Sie vielleicht heraus, dass Sie selbst auch eine Rolle in diesem Stück spielen.

Unterscheidungsvermögen zu kultivieren bedeutet, dass wir ein Auge für die Wahrheit entwickeln. Die Wahrheit basiert nicht auf Mögen und Nichtmögen, Zuneigung und Abneigung. Die Wahrheit ist, was ist. Die wichtigsten Wahrheiten basieren nicht so sehr auf dem, *was* wir sehen, sondern darauf, *wie* wir es sehen. Das gilt natürlich genauso für den Fall, dass wir uns selbst ins Auge fassen. Wir suchen nach dem Schlüssel. Dies ist es, worauf der Mullah hinauswill: Wir brauchen mehr Licht.

Wir müssen uns selbst betrachten und die Wahrheit sehen. Aber mit unserem Sehen muss Mitgefühl einhergehen. Sonst besteht die Gefahr, dass wir in die Falle der Selbstbeschimpfung geraten.

Die meisten von uns sind ziemlich empfindlich, wenn Kritik von außen kommt. Manchmal ist es für andere ein Leichtes, unsere «Knöpfe zu drücken», und schon heulen wir auf. Aber unsere «Knöpfe» funktionieren nur, weil wir völlig falsche Vorstellungen von uns selbst haben.

Wenn es jemandem gelingt, uns in Rage zu bringen, dann beweist er damit nur, dass wir uns selbst falsch verstehen. Ansonsten hätte er nämlich keine Macht über uns. Können Sie sich vorstellen, die «Knöpfe» eines Buddha zu drücken? Nein, weil erleuchtete Wesen nur die Wahrheit sehen. Die Knöpfe sind Unwahrheiten, an die wir glauben und die wir sogar verteidigen. Aber die Wahrheit befreit uns von diesen falschen Überzeugungen. Kein Möchtegern-Knöpfedrücker kann uns dann noch etwas anhaben.

Wir müssen die Wahrheit sehen, um die Freiheit gewinnen zu können, die sie uns anbietet. Darum müssen wir von unserem gewohnten Urteilen ablassen und zu größerem Unterscheidungsvermögen gelangen.

Übung

Umgang mit schädlichen Verblendungen

Zu einer von mehr Unterscheidungsvermögen geprägten Sicht unserer selbst gehört, dass wir die Natur unserer Taten klar sehen. Sind sie positiv oder negativ? Fügen sie anderen oder uns selbst Schaden zu? Wenn sie das tun, dann müssen wir sie korrigieren – doch nicht, indem wir uns selbst bestrafen. Wenn Sie ein geliebtes Kind hätten, das sich selbst in Gefahr bringt, dann würden Sie sich bemühen, ihm zu seinem Wohl zu verhelfen. Das wäre Ihre Verantwortung. Aber Sie würden das aus Liebe und Mitgefühl tun und nicht aus dem Drang, es zu bestrafen. Dieselbe Methode können wir auch auf uns selbst anwenden.

Die buddhistische Lehre empfiehlt uns, die folgenden vier Dinge zu tun, wenn wir vermuten, dass wir uns selbst und anderen Schaden zugefügt haben:

1. **Erkennen:** *Zuerst müssen wir die Natur unseres Handelns erkennen. Wenn sie negativ ist, dann müssen wir das sehen und verstehen, warum sie schädlich ist. Wir sollten untersuchen, auf welche Weise unser Handeln jemandem, einschließlich unserer selbst, Schaden oder Leid zugefügt hat.*
2. **Bedauern:** *Haben wir einmal erkannt, dass wir Leid zugefügt haben, dann müssen wir uns vor Augen halten, was wir getan haben, bis wir aus tiefstem Herzen ein Gefühl des Bedauerns entwickeln. Das hat nichts mit Sentimentalität zu tun. Bedauern entsteht einfach dadurch, dass wir die Wahrheit des Leidens und unsere Rolle darin sehen.*
3. **Entschluss:** *Wenn wir das Leiden, das wir verursacht haben, sehen und bedauern, dann reift in uns der Entschluss, dies nicht wieder geschehen zu lassen. So wird der starke Wunsch in uns entstehen, von der Verblendung frei zu sein, die uns dazu gebracht hat, Leid zuzufügen.*
4. **Wiedergutmachung:** *Wenn wir uns einmal dazu entschlossen haben, diese schädliche Verblendung zu vernichten, können wir uns bemühen, den angerichteten Schaden durch Großzügigkeit und Geduld wieder gutzumachen. Wir können auch daran arbeiten, unser Mitgefühl zu entwickeln, sodass wir in Zukunft nicht mehr auf eine Weise handeln, die uns selbst oder anderen schadet. Das wird uns direkt auf den Weg der Achtsamkeit bringen.*

DEN DIEB AUF SEINEM EIGENEN PFERD JAGEN

***Leiden* beraubt uns unseres Gleichmuts. Durch Achtsamkeit können wir lernen, das Leiden als Werkzeug auf dem Weg zum *Gewahrsein* zu benutzen.**

Buddha wuchs als Prinz auf. Ein Seher hatte seinem Vater gesagt, sein junger Sohn werde entweder ein großer Monarch oder ein erleuchtetes Wesen werden. Der König wollte lieber einen Thronerben haben. Also bot er seinem Sohn alle nur erdenklichen weltlichen Genüsse, weil er hoffte, ihn damit an das königliche Leben zu binden und ihn von der Wahrheit der Welt abzulenken, die außerhalb der Palastmauern auf ihn wartete. Doch Siddhārtha wurde es müde, ständig nur in Genüssen zu schwelgen. Er ahnte, dass es im Leben noch mehr geben müsste. So bat er einen Diener, ihn heimlich aus dem Palast zu führen.

Der König hatte den Prinzen sehr sorgfältig von der Wirklichkeit abgeschottet. So kam der Prinz auf seinen Streifzügen außerhalb des Palastes zum ersten Mal in Kontakt mit kranken, alten und sterbenden Menschen. Zuerst wusste er das, was er da sah, überhaupt nicht einzuordnen, und er musste den Bediensteten fragen, was er denn da sehe. Aber als er tiefer blickte, erkannte er, dass kein Lebewesen von diesen grundlegenden Leiden frei ist. Da entschloss er sich, sein Leben der Suche nach einem Ausweg aus diesen Leiden zu widmen.

Anders als Prinz Siddhārtha brauchen wir keine besonderen Anstrengungen zu unternehmen, um das Leid zu entdecken. Selbst wenn wir von momentanen Annehmlichkeiten und

Freuden eingelullt sind – die Wahrheit liegt gleich auf der anderen Seite der Mauer. Wir müssen nicht unbedingt dem Leiden von Krankheit, Alter und Sterben begegnen. Ein schiefer Blick eines Geliebten, die Beschämung angesichts eines ungedeckten Schecks oder die Magenschmerzen, die uns scharfe Worte unseres Chefs bereiten, reichen schon aus, um uns die vergängliche Natur unseres Glücks zu verdeutlichen.

Leiden kann uns helfen, Achtsamkeit zu entwickeln, und Achtsamkeit kann uns helfen, das Leiden zu beenden. Es mag seltsam erscheinen, aber Annehmlichkeiten können zu einer Behinderung von Achtsamkeit führen und damit zu einer Verhinderung des Erwachens werden. Wenn wir glücklich und zufrieden sind, laufen wir Gefahr, bequem zu werden. Wenn wir leiden und die Natur von Leben und Tod am eigenen Leib erfahren, dann beginnen wir zu erkennen, dass wir etwas für uns tun müssen. Wie ein Gefangener, der in einem unerträglichen Gefängnis eingesperrt ist, entwickeln wir die Entschlossenheit, uns von den Umständen zu befreien, die uns leiden lassen. Haben wir erst einmal diese Entschlossenheit entwickelt, kann uns nichts mehr aufhalten.

Ein dienlicher Umgang mit dem Leiden

Was ist also ein dienlicher Umgang mit dem Leiden? Während wir auf den Entschluss hinarbeiten, uns vom Leiden zu befreien, ist Achtsamkeit unser wichtigstes Werkzeug.

Zuerst können wir Achtsamkeit dazu benutzen herauszufinden, ob das Leiden vermeidbar ist. Wenn das Leiden durch ein herzliches Gespräch, ein wenig Finanzplanung oder eine Aspirintablette zu lindern ist, dann lindern Sie es auf jeden Fall. Es ist noch genügend Leid in Umlauf. Es bringt überhaupt nichts, sinnlos zu leiden. Wenn das Leiden aber unumgänglich ist, dann kann Achtsamkeit uns helfen, diese Tatsache anzuerkennen.

Wenn uns dann eine achtsame Untersuchung der Situation zu der Schlussfolgerung geführt hat, dass das Leiden unvermeidlich ist, dann hat es wenig Zweck, auch noch wegen der Tatsache zu leiden, dass uns einiges Leiden bevorsteht.

Vor einigen Jahren versuchte ich, einen Vertrag für einen Film zustande zu bringen. Ich hatte das Drehbuch geschrieben, aber ich hatte noch nie einen Dokumentarfilm gedreht. Es gelang mir, eine Förderung für das Projekt zu erhalten, und ich machte einen Termin mit dem Studio, das den Film produzieren sollte. Der Leiter des Studios war als äußerst streitsüchtige Person bekannt, und ich war mir sicher, dass er meine Qualifikation für dieses Projekt anzweifeln würde. Ich war mir sicher, kaum eine Chance zu haben. So verbrachte ich den Vormittag vor dem entscheidenden Treffen am Strand von Santa Monica, wo ich unruhig auf und ab lief. Wie sollte ich den Termin nur unbeschadet überstehen?

Dann kam mir die Idee: Wenn du sowieso leiden musst, warum dann nicht fröhlich leiden? Zuerst kam es mir merkwürdig vor, die beiden Wörter zusammenzubringen. Aber als ich dann zu dem Treffen unterwegs war, sagte ich immer wieder «leide fröhlich» wie ein Mantra vor mich hin. Die Besprechung lief besser, als ich erwartet hatte. Wir einigten uns, und der Produzent kaufte das Projekt.

Noch am selben Abend nahm ich den Nachtflug zurück nach New York. Wir starteten, und dann wurde das Licht für den langen Heimflug gedämpft. Eine Stewardess ging den Gang entlang und fragte, ob jemand vielleicht sein Kopfkissen hergeben wolle. «Leide fröhlich», dachte ich mir und händigte ihr mein Kissen aus. Als wir endlich in New York landeten, hatte ich einen schrecklich steifen Nacken. Das lehrte mich den zweiten Teil des Mantras. Leide fröhlich, ja, aber das bedeutet nicht, sinnlos zu leiden.

Wenn wir schon leiden müssen, dann können wir wenigstens achtsam leiden. Leiden ist eine direkte Erinnerung an den gegenwärtigen Augenblick. In dieser Hinsicht haben wir Glück: Wir brauchen nur im gegenwärtigen Moment zu leiden. Beim körperlichen Leiden ist das offensichtlich, aber auch zum mentalen und emotionalen Leiden gehört diese Unmittelbarkeit. Wir können Stunden damit verbringen, uns über einen unangenehmen Moment aus der Vergangenheit zu grämen oder vor einem Versäumnis Angst zu haben, das uns in der Zukunft unterlaufen könnte, aber wirkliches Leiden findet stets im Jetzt statt.

Leiden ist zudem vergänglich. Eine schlichte Betrachtung vergangenen Leides macht das deutlich. Eine tiefere Analyse wird uns zu einem Verständnis der vergänglichen Natur solcher Phänomene führen. Wenn wir schon leiden müssen, dann sollten wir uns doch zumindest über die Natur des Leidens im Klaren sein. Es gibt schon genug Leid, da sollten wir ihm nicht auch noch Eigenschaften zuschreiben, die es gar nicht besitzt. Unsterblichkeit gehört jedenfalls bestimmt nicht dazu.

Wir können das Leiden zumindest als eine Erinnerung daran benutzen, dass wir im gegenwärtigen Moment lebendig sind und das Leiden seiner Natur nach vergänglich ist. Es wird ein Ende haben. Wenn wir das verstehen, können wir beginnen, das Leiden zu entmachten.

Mit Achtsamkeit dem Leiden entgegenwirken

Auch in diesem Fall ist Achtsamkeit der Schlüssel. Fragen Sie sich: Welcher Teil von mir leidet eigentlich? Ist es mein Zeh? Meine Zehenspitze? Ist meine Zehenspitze alles, was ich bin? Oder leide ich in meinem Herzen, weil mein Geliebter mich missachtet hat? Wo ist mein «Herz»? Wo hört das Leiden auf, und wo fange «ich» an? Wer ist überhaupt diese Person, die da leidet? Wie bin ich in diesen Schlamassel hineingeraten, und wie kann ich wieder herauskommen? Vielleicht sollte ich anfangen, ein wenig Achtsamkeit zu kultivieren, um zu sehen, was es mit diesem Leiden wirklich auf sich hat.

Der verstorbene William Segal war einer der ersten Amerikaner, der nach dem Zweiten Weltkrieg die Zen-Klöster in Japan besucht hat. Er erzählte mir, dass er einmal einen schrecklichen Autounfall gehabt habe. Fast wäre er dabei ums Leben gekommen, und man musste ihn mehrmals operieren. Während er im Krankenhaus lag, kam der bekannte Zen-Meister Nakagawa Soen Rōshi ihn besuchen. «Was für ein riesiges Glück Sie gehabt haben», sagte der Rōshi, während er seine Hand ergriff. «Ein Unfall wie der Ihre ist so viel wert wie zehntausend Meditationsrunden im Kloster.»

Wie Mr. Segal es formulierte: «Im Krankenhaus kam ich dazu, die kleinsten Dinge wertzuschätzen. Man hatte meinen Kiefer in geschlossener Position fixiert, und als ich ihn endlich wieder bewegen konnte, sodass ich durch einen Strohhalm Flüssigkeit zu mir nehmen konnte, erfüllte mich das Gefühl des Getränks, das meinen Rachen hinablief, mit tiefer Dankbarkeit.»

Sein Leiden brachte Segal dazu, die Schönheit im alltäglichen Leben der Menschen zu sehen. Er beobachtete den Mann, der am Abend das Krankenzimmer sauber machte, und manchmal wechselten die beiden einige Worte. Der Mann war erst kürzlich eingewandert und hatte den einzigen Job angenommen, den er bekommen konnte. Wie sorgfältig und gewissenhaft er arbeitete! Wie ökonomisch seine Bewegungen waren! Jede Geste kündete vom Adel eines Menschen, der genau das tut, was das Leben von ihm verlangte.

«Wir halten alles für selbstverständlich, bis es uns genommen wird», fügte Mr. Segal hinzu. «Wenn ich einen relativ gesunden Körper und Geist besitze, dann bin ich stolz auf *meine* Kraft und *meine* Intelligenz. Es braucht nicht viel, um uns zu zeigen, wie falsch diese Vorstellung ist. Ein kleiner Schicksalsschlag, und beides ist dahin. Aber was man mir so leicht nehmen kann, das kann mir nicht wirklich gehört haben. Mein Unfall wies mich in meine Schranken und machte mich demütig. Das Beste daran aber war, dass er mich auf eine neue Ebene der Toleranz in meinem Umgang mit anderen Menschen hob.»

Normalerweise wenden wir uns vom Schmerz ab. Wir schützen uns davor, indem wir vom gegenwärtigen Augenblick wegdriften. Wenn der Schmerz zu stark wird, dann werden wir ohnmächtig. Ein psychisches Trauma kann ähnliche Auswirkungen haben. Wir verdrängen es, weil wir es einfach nicht ertragen können. Daran ist nichts auszusetzen. Es ist ein natürlicher Schutz für unser Nervensystem. Aber Verdrängung wird auch zu einer Gewohnheit, die wir dann selbst in weniger traumatischen Situationen dazu benutzen, uns der Frage zu entziehen, was denn das Leiden verursacht. Wenn wir die Natur des Leidens kennen und verstehen, so kann das eine riesige Hilfe bei der Kultivierung von Achtsamkeit auf dem Weg zur Freiheit sein.

Als Jesus dabei war, beim letzten Abendmahl von seinen Jüngern Abschied zu nehmen, wusste er, dass sie in den kommenden Tagen viel Leid erfahren würden. Deshalb sagte er zu ihnen:

In der Welt habt ihr Angst;
Aber seid getrost, ich habe die Welt überwunden.

Übung

Der Trick des Meditierenden

Wenn er leiden muss, dann benutzt mein Lehrer Gehlek Rinpoche einen Trick, den er den «Trick des Meditierenden» nennt. Rinpoche leidet an Diabetes und muss sich deshalb jeden Tag Insulin spritzen. Wie er selbst sagt, ist die Injektion schmerzhaft. Statt also einfach nur den Schmerz zu ertragen, macht er sich die Situation zunutze. Da er sowieso an Diabetes leiden muss, so sagt er, spricht er den Wunsch aus, die Diabeteskrankheit der ganzen Welt auf sich zu nehmen, sodass niemand auf der Welt mehr an Diabetes leiden muss.

- *Wenn Sie das nächste Mal leiden, können Sie diesen Trick ausprobieren. Wenn Sie zum Beispiel an Migräne leiden, alle Ihnen zur Verfügung stehenden Mittel angewendet haben und trotzdem noch Schmerzen verspüren, dann lassen Sie den Schmerz zu etwas gut sein. Da Sie sowieso leiden müssen, leiden Sie für alle Menschen mit Migräne, auf dass niemand jemals wieder an dieser elenden Krankheit leiden muss.*
- *Wenn Ihr Geliebter oder Ihre Geliebte Sie verlassen hat und Sie*

Liebeskummer haben, den wir alle nur zu gut kennen, dann nehmen Sie den Herzschmerz aller Welt auf sich, auf dass niemand jemals wieder den Schmerz der Einsamkeit erfahren möge.

- *Erinnern Sie sich daran, dass dieser Wunsch Sie selbst mit einschließt. Sie sind einer der Menschen mit gebrochenem Herzen. Auch Sie selbst sind der Diabetiker oder der an Migräne Leidende. In Ihrer Achtsamkeit wünschen Sie sich, dass wir alle frei sein mögen.*

Rinpoche nennt das den Trick des Meditierenden. Ich nenne es den Dieb mit seinem eigenen Pferd jagen.

Wir sind dem *Dieb*, der uns unsere *Freude* stiehlt, auf der Spur. Was geschieht, wenn wir ihn schließlich stellen?

Buddha brach vor 2500 Jahren auf, um den Pfad zur Befreiung zu finden. Für Buddha bedeutete Befreiung die Befreiung vom Leiden. Er erforschte die Natur der Wirklichkeit und suchte nach der Ursache des Leidens und dem Weg zu seiner Beendigung. Er sah, dass alles, worin wir das Glück suchen, vergänglich ist. Er sah auch, dass wir, wenn wir diese Tatsache der Vergänglichkeit nicht begreifen, uns vor Verlangen nach dem verzehren, wovon wir glauben, dass es uns glücklich machen wird. Darüber hinaus halten wir an unserer Identität fest, an unserer Ichempfindung. Wir halten sie für etwas, das dauerhaft und von dieser sich ständig wandelnden Welt unabhängig ist. Auf der tiefsten Ebene akzeptieren wir diese Erscheinung unseres «Ich» als die Wahrheit. Buddha ergründete diese Annahme und sah, dass sie irrig ist.

Seine Entdeckung war, dass es kein unabhängiges Ich oder Selbst gibt. Natürlich existieren wir. Irgendjemand leidet unter negativen Angewohnheiten. Irgendjemand arbeitet für seine Befreiung. Irgendjemand wird befreit. *Wie* wir glauben zu existieren, das ist die Quelle unserer Verwirrung. Unsere Persönlichkeit, unser «Ich», hat eben keine unabhängige Existenz, sondern entsteht aus dem, was Buddha die Fünf Skandhas oder «Anhäufungen» nennt, die man auch als «Daseinselemente» verstehen könnte. Es sind dies nach der traditionellen Lehre Form, Empfindung, Wahrnehmung, psychische Formkräfte und Bewusstsein.

Dieses aus den Skandhas zusammengesetzte und nicht unabhängig von ihnen existierende Konglomerat, das wir «Ich» nennen, hält sich nun aber irrtümlich für etwas Dauerhaftes und Unabhängiges, und das Festhalten an einer unabhängigen Identität ist die Quelle all unserer Ängste und unserer Verwirrung. Es ist die Ursache allen Leidens. Dies ist es, was Buddha gesehen hat. Als er die Quelle dieses Leidens schließlich vom Standpunkt seiner Weisheit aus betrachtete, sah er, dass dieses Ich nicht existiert. Es hat auch nie existiert. Wir glauben nur, dass es existiert, und dieser fundamentale Irrtum führt uns in die Irre.

Der Dieb, den es nie gegeben hat

Es gibt keinen Dieb. Aber weil wir seine Existenz als real akzeptiert haben, konnte er unser gesamtes Leben beherrschen. Er ist wie der jähzornige Vater, der die ganze Familie kuschen lässt. Er ist wie der Tyrann, der ein ganzes Volk dazu gebracht hat, sich ihm zu unterwerfen. Er ist wie der Zauberer von Oz mit seinen abstrusen Forderungen. Wenn wir ihn als das sehen, was er ist, verschwindet er aus unserer Vorstellung – denn eigentlich existierte er nur dort.

Es mag zunächst beunruhigen, dieses kollektive, vergängliche Ich. Aber wenn man daran festhält, ist es befreiend. Es ist in der Tat befreiend. Die Wahrheit sehen ist die Beendigung des Leidens.

Als Buddha gefragt wurde, wie er zur Befreiung gefunden habe, war seine Antwort: Disziplin, Sammlung und Weisheit. Man nennt sie auch die Drei Höheren Schulungen.

Wir brauchen Weisheit, um in den Kern der Wirklichkeit sehen zu können. Diese Art von Weisheit ist weit jenseits der

Klugheit und Lebensweisheit, die wir Richtern und alten Menschen zuschreiben. Sie ist vielmehr die profunde Weisheit, die die Wahrheit ohne Verschleierung sieht.

Weisheit verlangt, dass unser Geist stabilisiert ist und sich ausschließlich auf das Subjekt konzentrieren kann. Darum machte Buddha Sammlung zum zweiten Punkt. So wie wir zurzeit gestrickt sind, surrt unser Geist herum wie Fliegen in einem Gewitter. Den meisten von uns fehlt die Stabilität, die man braucht, um den Dieb in seinem Versteck aufspüren zu können. Erst wenn wir alle Möglichkeiten ausgeschlossen haben, wo er sich verstecken könnte, vermögen wir ein für alle Mal zu sehen, dass er niemals wirklich existiert hat. Aber wir werden ständig von unserer Verfolgung abgelenkt, weil es unser Geist nicht vermag, die intensive Sammlung aufrechtzuerhalten, die nötig ist, um ans Ende der Suche zu gelangen.

Diese Ablenkungen sind das Resultat unseres Festhaltens an den Verblendungen des Zorns und des Anhaftens und ihrem ganzen fröhlichen Gefolge. Wir werden von diesen negativen Gefühlen ständig hierhin und dorthin gezerrt. Darum betonte Buddha die Disziplin. Disziplin ist hier wiederum nicht die gewöhnliche Disziplin, die das Anliegen von Schulmeistern und Feldwebeln ist. Es ist vielmehr die Disziplin des Yogi, der mit gezogenem Schwert wachsam am Eingang zu seiner Höhle steht. Er hütet seinen Geist vor den negativen Emotionen. Im größeren Kontext der Befreiung ist dies die Rolle der Achtsamkeit.

Durch Achtsamkeit kommen wir dem Dieb auf die Spur. Wir jagen ihn unnachgiebig auf seinem eigenen Pferd – und befreien uns, indem wir ihn durch das Sehen der Wahrheit ein für alle Mal besiegen. Den Dieb hat es nie gegeben. Darum lächelt Buddha.

NACHWORT
DIE TÄGLICHE PRAXIS

Wir können etwas von den Bienen lernen. Sie unternehmen kleine, aber wiederholte Anstrengungen, tagaus, tagein, während des ganzen Sommers. Tropfen für Tropfen bringen sie den Nektar einer Saison voller Blüten ein und verfeinern ihn zur Essenz. Indem sie kontinuierlich arbeiten, gewinnen sie bis zum Herbst einen Bienenstock voller Honig.

Geduldiges, stetiges Bemühen, ein kleines bisschen jeden Tag, führt schließlich zu Resultaten. Die Resultate, die wir erreichen möchten, können sich von Person zu Person unterscheiden. Es hängt davon ab, wie stark Sie sich einbringen und was Ihr letztes Ziel ist. Auf jeden Fall wird die Übung der Achtsamkeit die Macht der negativen Gefühle verringern. Sie wird Sie aufmerksamer machen. Sie wird Sie der Wahrheit näher bringen. Wenn Sie zu den Glücklichen gehören, die einen Weg und einen Lehrer gefunden haben, dann haben Sie wahrscheinlich auch irgendeine Form der Praxis. Achtsamkeit ist nur eines der Hilfsmittel, die wir auf den verschiedenen Pfaden verwenden. Ihr Ziel ist es, unseren Geist zu schulen und ihn in eine positive Richtung zu lenken.

Es folgen nun einige Vorschläge, wie Sie diese Praxis im Laufe eines Tages anwenden können.

Wertschätzung

Sie können jeden Tag nach dem Aufwachen die Tatsache wertschätzen, dass Sie am Leben sind, dass Sie noch einen weiteren Tag haben, an dem Sie zu Ihrem eigenen Wohl und dem anderer wirken können. Sie können sich selbst daran erinnern, dass dieses menschliche Leben selten und kostbar ist und dass Sie den bestmöglichen Gebrauch davon machen wollen, solange Sie noch Gelegenheit dazu haben.

Meditation

Nehmen Sie sich jeden Tag, bevor Sie Ihr Tagwerk beginnen, ein wenig Zeit, um einen Moment der Stille zu finden.

- Sitzen Sie still und beruhigen Sie Ihren Geist.
- Kommen Sie zu sich selbst zurück.
- Folgen Sie Ihrem Atem.
- Spüren Sie sich in Ihrem Körper. Fühlen Sie sein Gewicht.
- Finden Sie eine Stille, zu der Sie im Laufe des Tages zurückkehren können.

Zehn Minuten sind schon ein Anfang, zwanzig Minuten wären prima. Wenn Sie zu den Glücklichen gehören, die mehr Zeit haben und sie auf diese Weise nutzen wollen, so ist das wunderbar.

Motivation

Sie können Ihren Tag beginnen, indem Sie beim stillen Sitzen Ihre Motivation ausrichten. Wie wollen Sie Ihr Leben leben? Was wollen Sie erreichen? Dies sind Ihre Motivationen. Sie mögen Ziele in der Welt haben, wie etwa erfolgreich zu sein oder ausreichend für Ihre Familie zu sorgen. Sie können aber auch innere Ziele verfolgen, wie etwa sich selbst und anderen zu helfen, mitfühlender und achtsamer zu werden.

Absicht

Sie können vorausschauen auf die äußeren Tätigkeiten Ihres Tages und Ihre Absicht darauf richten, sie für die innere Arbeit zu nutzen. Worauf wollen Sie Ihre Aufmerksamkeit richten? Was wollen Sie heute unter die Lupe nehmen?

- Wenn Sie Ihre Aufmerksamkeit entwickeln wollen, dann können Sie sich vornehmen, jede halbe Stunde kurz innezuhalten, um zu sich selbst zurückzukehren und sich an Ihren Atem zu erinnern sowie an das Gefühl Ihrer Füße auf dem Boden.
- Wenn Sie schnell zornig werden, dann können Sie sich vornehmen, den Moment zu sehen, in dem der Zorn aufzusteigen beginnt.
- Wenn Sie zum Stolz neigen, dann können Sie sich vornehmen, die Augenblicke zu bemerken, in denen Sie beginnen, sich aufzuplustern.

Erinnerung

Wir schweifen immer wieder ab und sind oft überrascht zu sehen, welche Gedanken uns meilenweit davongetragen haben.
Während Sie im Laufe des Tages Ihren Geschäften nachgehen, können Sie die alltäglichen Aktivitäten als Erinnerung daran benutzen, Ihre Aufmerksamkeit zum Augenblick zurückzubringen. Jede einfache Tätigkeit eignet sich dazu, etwa jedes Mal, wenn Sie aufstehen oder sich hinsetzen, jedes Mal, wenn Sie eine Autotür schlagen hören, jedes Mal, wenn Sie an Ihre nächste Mahlzeit denken. Zu Anfang des Tages können Sie sich im Geiste für die «Wecksignale» entscheiden, die Sie zu Ihrer Absicht zurückbringen sollen.

Aufmerksamkeit

Alle unsere Tätigkeiten, sowohl die negativen als auch die positiven, finden in den Bereichen Körper, Rede und Geist statt. In diesen Bereichen müssen wir Achtsamkeit praktizieren. Nirgends sonst. Auch wenn wir uns manchmal vielleicht in Tagträume über das Leben auf dem Mars verlieren, ist unsere Arbeit doch immer im Hier und Jetzt. Jeder dieser Bereiche bietet uns während des ganzen Tages Gelegenheit zur Übung. Wenn Sie beabsichtigt haben, Ihren Stolz zu beobachten, so können Sie ihn im Klang Ihrer Stimme hören. Sie können spüren, wie er Ihre Brust anschwellen lässt. Sie können ihm nachgehen, wie er Ihren Geist in Richtung Größenwahn zu lenken droht.

Medizin

In den traditionellen Lehren wird der Buddha manchmal als der «Große Arzt» und werden die Lehren als die «Medizin» bezeichnet. Die Krankheit, die wir zu heilen versuchen, ist unser Festhalten an negativen Gefühlen. Für jede dieser Verblendungen – Zorn, Anhaften, Stolz, Neid, Unwissenheit, falsche Ansichten, Zweifel – gibt es ein Gegenmittel. Zorn wird von Geduld unterworfen, Anhaften vom Verständnis der Vergänglichkeit. Dem Stolz wirkt die Anerkennung unserer Grenzen entgegen. Neid wird von Großzügigkeit gezähmt. Indem wir den Tag über Achtsamkeit üben, können wir beginnen, die Symptome zu erkennen und das Gegenmittel anzuwenden. Wenn wir zu Beginn des Tages unsere Absicht ausrichten, wird uns das helfen, auf die ersten Anzeichen dieser Symptome aufmerksam zu reagieren.

Erkennen

Ein Teil der Rolle der Achtsamkeit besteht darin, unser Festhalten am Ego zu verringern. Durch geduldige Übung können wir anfangen zu begreifen, wie dieses Festhalten uns von anderen trennt. Wir können die Achtsamkeit dazu benutzen, zu erkennen, welchen Platz wir im Großen Strom des Lebens haben. Als menschliche Wesen sind wir wechselseitig voneinander abhängig. Wenn wir zum Essen am Tisch sitzen, so ist das eine gute Gelegenheit, über diese wechselseitige Verbundenheit nachzudenken. Wie viel Aufwand und Sorgfalt waren notwendig, damit dieses Essen heute in gesunder und nahrhafter Form vor Ihnen stehen kann? Wie viele Menschen sind verantwortlich dafür, dass es Ihnen heute zur Verfügung steht? Sind das nicht Menschen wie Sie selbst? Sind die Wünsche und Bedürfnisse dieser Menschen nicht dieselben wie die Ihren? Wünschen sie sich nicht ebenfalls Glück und Freiheit vom Leiden? Was tun Sie, um zu ihrem Glück beizutragen? Und was tun Sie, um zu ihrem Unglück beizutragen?

Reflexion

Wenn Ihr Tag zu Ende geht, nehmen Sie sich die Zeit, um darüber nachzudenken, wie Sie den Tag verbracht haben. Wenn Sie dazu einige Minuten lang in Stille dasitzen können, umso besser.

- Halten Sie Rückschau auf Ihren Tag. Haben Sie Ihre kostbare Zeit gut genutzt? Haben Sie sich an das gehalten, was Sie sich in der Frühe vorgenommen haben?
- Lassen Sie Ihre Gedanken, Ihre Rede und Ihre Taten während des Tages Revue passieren. Haben Sie etwas Positives geleistet? Wenn ja, dann ist das Grund zur Freude. Haben Sie sich selbst oder anderen Schaden zugefügt? Wenn ja, dann können Sie die vier Qualitäten im Umgang mit schädlichen Verblendungen anwenden, also Anerkennung, Bedauern, Entschluss und Wiedergutmachung.
- Ziehen Sie Bilanz, was Sie selbst angeht. In tibetischen Klöstern legen die Mönche eine Hand voll schwarzer und weißer Kiesel vor sich hin. Sie halten Rückschau auf ihr Handeln während des Tages. Für jede positive Tat legen sie einen weißen Kieselstein zur Seite, für jede negative Tat einen schwarzen. Am Ende ziehen sie Bilanz. War dieser Tag ein Fortschritt gegenüber dem letzten?

Widmung

Bevor Sie sich zum Schlafen umdrehen, können Sie sich gedanklich Ihren guten Taten widmen. Sie haben einen weiteren Tag dieses kostbaren Lebens hinter sich. Sie möchten, dass Ihre Bemühungen etwas Positives bewirken, für Sie selbst und für andere.

Unsere Fortschritte überprüfen

Von Zeit zu Zeit ist es sowohl hilfreich als auch wichtig, zu prüfen, ob wir Fortschritte gemacht haben. Wenn man auf einem Pfad durch den Wald wanderte, würde man sich nach Wegmarken umsehen, die uns zeigen, wie weit wir schon gekommen sind und ob wir immer noch in die richtige Richtung gehen. Auf diesem Pfad ist das nicht anders. Wir müssen unsere Fortschritte überprüfen, um sicherzugehen, dass wir unsere Zeit und unsere Mühen nicht umsonst aufwenden. Die Beurteilung unseres Fortschritts ist ziemlich einfach:

- Sind Ihre negativen Gefühle schwächer als zuvor?
- Reagieren Sie weniger schroff und rasch auf Dinge, die früher Ihre «Knöpfe» gedrückt haben?
- Liegt Ihnen das Wohlergehen anderer mehr am Herzen als früher?
- Fühlen Sie sich fester in sich selbst verankert? Neigen Sie weniger dazu, Ihre Gedanken hierhin und dorthin wandern zu lassen?
- Fällt es Ihnen etwas leichter, Zeit für die Übung zu finden?
- Ist die Übung für Sie weniger zu einer Last und mehr zu einer willkommenen Gewohnheit geworden?

Wenn Sie finden, dass Sie in der richtigen Richtung unterwegs sind, prima! Wenn das nicht der Fall ist, dann schauen Sie in sich hinein, um herauszufinden, was Ihnen im Wege steht. Das Einzige, was Sie tatsächlich behindert, ist dieser aus Unwissenheit geborene Dieb.

Die Vier Edlen Wahrheiten

Shākyamuni Buddha lehrte als Erstes das, was wir als die Vier Edlen Wahrheiten kennen.

Die erste Edle Wahrheit ist die Wahrheit vom Leiden
Buddha lehrte, dass die Natur dieses Lebens Leiden ist. Geburt ist Leiden, Alter ist Leiden, Krankheit ist Leiden, Sterben ist Leiden.

Die zweite Edle Wahrheit ist die Ursache des Leidens
Das Leiden entsteht aus dem Begehren. Das Begehren beruht auf einem tief gehenden Missverständnis unserer Situation. Dieses Missverständnis wird oft *Unwissenheit* genannt.

Die dritte Edle Wahrheit ist das Aufhören des Leidens
Das Aufhören des Leidens ist das vollständige Versiegen des Begehrens, das uns fesselt. Es bedeutet die Befreiung von der Gefangenschaft im Leiden.

Die vierte Edle Wahrheit ist der Pfad, der zur Freiheit führt
Man nennt diesen Pfad auch den Edlen Achtfältigen Pfad. Er besteht aus acht positiven Verhaltensweisen:

- *Rechte Sicht:* Die Wahrheit des Leidens und seiner Ursache und des Aufhörens und seiner Ursache ohne Verblendung sehen.
- *Rechtes Streben:* Gutes tun und Schlechtes vermeiden.
- *Rechte Rede:* Vermeiden von Lüge, übler Nachrede, groben und entzweienden Worten.
- *Rechtes Handeln:* Sich des Tötens, Stehlens und des sexuellen Missbrauchs enthalten.
- *Rechter Lebenserwerb:* Seinen Lebensunterhalt auf eine Weise verdienen, die anderen keinen Schaden zufügt.
- *Rechtes Bemühen:* Streben nach dem Guten.
- *Rechte Achtsamkeit:* Gewahrsein der eigenen Taten, Worte und Gedanken.
- *Rechte Versenkung:* Die gesammelte Übung, durch die ein stabiler, gesammelter Geist entwickelt wird und die uns hilft, uns auf die endgültige Verwirklichung der Weisheit und Erleuchtung vorzubereiten.

Die letzten Worte Buddhas

Buddha hatte insgesamt fünfundvierzig Jahre lang gelehrt. Schließlich war er fast achtzig Jahre alt und war mit der Zeit physisch schwächer geworden. Er hatte es nur mit Mühe bis nach Kushinagara geschafft, ein Ort, den er schon zuvor besucht hatte und an dem viele Anhänger seiner Lehre lebten. Sobald sie dort angekommen waren, bereitete sein Schüler Ānanda ihm ein Bett zwischen zwei Sal-Bäumen. Dort lag Buddha auf seiner rechten Seite, mit dem Kopf nach Norden ausgerichtet und nach Westen blickend. Er verbrachte die ersten beiden Nachtwachen damit, den Menschen Trost zu spenden und sie zu unterweisen.

Als die letzte Nachtwache gekommen war, fragte Buddha seine Jünger, ob sie noch irgendwelche Fragen hätten. Zu Ānandas Überraschung schwiegen sie alle still. Dann zog Buddha seine Roben aus und sprach zu denen, die noch anwesend waren, sie sollten seinen Körper betrachten. Es sei das letzte Mal, dass sie ihn sehen könnten. Dann sprach er seine letzten Worte:

Alle zusammengesetzten Dinge müssen vergehen.
Arbeitet mit äußerster Sorgfalt an eurer Befreiung!

DANKSAGUNG

Ich möchte Brenda Rosen dafür danken, dass sie den Vorschlag zu diesem Buch gemacht und seine Veröffentlichung in die Wege geleitet hat. Sat Chuen Hon möchte ich dafür danken, dass er eine weitere Perspektive für dieses Buch vorgeschlagen und mich gedrängt hat, keinen Baum zu verschwenden. Ich hoffe, ich habe es nicht getan.

Dank gebührt auch Marielle Boncou-Segal für die Erlaubnis, ihren verstorbenen Ehemann William Segal gegen Ende dieses Buches zu zitieren. Ich möchte zudem Susan Schwarzwald, Werner Bargsten und ihrer Tochter Anika dafür danken, dass sie mir einige Tage salziger Seeluft gewährten, um die letzten Kapitel dieses Buches in ihrem Insel-Refugium heilen zu können. Außerdem danke ich Sherry Holzman für ihre großzügige Freundschaft und für das seltene Geschenk einer schonungslos offenen Kritik. Und schließlich möchte ich Blanche Baker aus tiefstem Herzen für ihre unermüdliche Ermutigung während der Tage und Stunden der Arbeit an diesem Buch danken.

rowohlts monographien

Religion und Theologie

Albert Schweitzer
Harald Steffahn
3-499-50263-1

Dietrich Bonhoeffer
Eberhard Bethge
3-499-50236-4

Buddha
Volker Zotz
3-499-50477-4

Franz von Assisi
Veit-Jakobus Dieterich
3-499-50542-8

Jesus
David Flusser
3-499-50632-7

Maria
Alan Posener
3-499-50621-1

Martin Luther
Hanns Lilje
3-499-50098-1

Meister Eckhart
Gerhard Wehr
3-499-50376-X

Die Reformatoren
Veit-Jakobus Dieterich
3-499-50615-7
Jeder Reformator steht für eine Phase der rasanten Entwicklung zur Neuzeit. Ihre Lehren waren Ausdruck einer Endzeit, ihr Wirken legte das Fundament einer neuen Epoche.

3-499-50615-7